JAVASCRIPT

PROGRAMMIERUNG FÜR GUI-DESIGN MIT REACT UND ELECTRON

Eine Schritt-für-Schritt-Anleitung zum Erstellen moderner GUI-Anwendungen

AXEL RYLAN

Inhalt

Teil I: Grundlagen des GUI-Designs

Kapitel 1: Einführung in das GUI-Design

1.1 Überblick über das GUI-Design

Beim Entwerfen grafischer Benutzeroberflächen (GUI) werden optisch ansprechende und benutzerfreundliche Schnittstellen für Softwareanwendungen, Websites und andere digitale Produkte erstellt.[1] Dabei geht es um die Planung, Strukturierung und Gestaltung interaktiver Elemente, die es Benutzern ermöglichen, über grafische Symbole, Menüs und andere visuelle Hinweise mit einem System zu interagieren, anstatt sich ausschließlich auf textbasierte Befehle zu verlassen.

GUI-Design geht über reine Ästhetik hinaus. Es umfasst einen ganzheitlichen Ansatz für die Benutzererfahrung (UX), der sich auf Folgendes konzentriert:

- Benutzerfreundlichkeit: Sicherstellen, dass die Benutzeroberfläche leicht zu erlernen und effizient zu verwenden ist und Fehler minimiert.
- Barrierefreiheit: Gestaltung für Benutzer mit unterschiedlichen Bedürfnissen, einschließlich Menschen mit Behinderungen.
- Funktionalität: Ausrichtung der Schnittstelle an den Kernfunktionen und Benutzeraufgaben der Anwendung.
- Konsistenz: Beibehaltung eines einheitlichen Erscheinungsbilds in der gesamten Anwendung.
- Visuelle Hierarchie: Elemente organisieren, um die Aufmerksamkeit des Benutzers zu lenken und die Navigation zu erleichtern.

- Feedback und Interaktion: Bereitstellung eines klaren und zeitnahen Feedbacks zu Benutzeraktionen.

Modernes GUI-Design nutzt eine Vielzahl von Tools und Techniken, darunter:

- Wireframing und Prototyping: Erstellen von Low-Fidelity- und High-Fidelity-Darstellungen der Schnittstelle.
- Benutzerforschung und -tests: Sammeln von Erkenntnissen über Benutzerverhalten und -präferenzen.
- Designsysteme: Etablierung wiederverwendbarer Komponenten und Styleguides für Konsistenz.
- Prinzipien der Mensch-Computer-Interaktion (HCI): Anwendung etablierter Richtlinien für eine effektive Benutzerinteraktion.

- Front-End-Entwicklung: Implementierung des Designs mithilfe von Technologien wie HTML, CSS und JavaScript.

1.2 Bedeutung des GUI-Designs

Ein effektives GUI-Design ist entscheidend für den Erfolg jedes digitalen Produkts. Seine Bedeutung ergibt sich aus mehreren Schlüsselfaktoren:

- Verbesserte Benutzererfahrung: Eine gut gestaltete Benutzeroberfläche macht die Verwendung von Anwendungen intuitiver und angenehmer, was zu einer höheren Benutzerzufriedenheit und einem höheren Engagement führt.
- Verbesserte Produktivität: Optimierte Schnittstellen reduzieren den Zeit- und Arbeitsaufwand für die Erledigung von Aufgaben und steigern die Benutzerproduktivität.

- Reduzierter Lernaufwand: Intuitive Designs minimieren den Lernaufwand und ermöglichen es Benutzern, die Funktionalität der Anwendung schnell zu verstehen.
- Erhöhte Zugänglichkeit: Durchdachte Designüberlegungen machen Anwendungen für ein breiteres Publikum zugänglich, auch für Benutzer mit Behinderungen.
- Stärkeres Markenimage: Eine optisch ansprechende und einheitliche Benutzeroberfläche stärkt die Markenidentität und steigert die wahrgenommene Qualität des Produkts.
- Reduzierte Supportkosten: Benutzerfreundliche Schnittstellen minimieren Benutzerfehler und Verwirrung und reduzieren den Bedarf an technischem Support.
- Wettbewerbsvorteil: In einer überfüllten digitalen Landschaft kann eine überlegene

GUI ein Produkt von seinen Mitbewerbern unterscheiden.

- Erhöhte Benutzerakzeptanz: Wenn eine Benutzeroberfläche einfach zu verwenden ist, ist die Wahrscheinlichkeit höher, dass Benutzer das Produkt annehmen und weiterhin verwenden.

- Fehlervermeidung: Gut gestaltete GUIs können Benutzerfehler verhindern, indem sie klare Anweisungen bereitstellen und die Menge an Benutzereingaben begrenzen, die Fehler verursachen können.

1.3 Prinzipien eines guten GUI-Designs

Mehrere Grundprinzipien leiten die Erstellung effektiver GUIs:

- Benutzerzentriertes Design: Der Designprozess sollte die Bedürfnisse und Vorlieben der Zielbenutzer priorisieren. Dazu gehört die Durchführung von

Benutzerrecherchen, die Erstellung von Benutzer-Personas und die Einbeziehung von Benutzer-Feedback.

- Konsistenz: Die Beibehaltung eines einheitlichen Erscheinungsbilds in der gesamten Anwendung verbessert die Benutzerfreundlichkeit und reduziert die kognitive Belastung. Dazu gehört die Verwendung einheitlicher Terminologie, Layouts und visueller Elemente.
- Klarheit: Die Benutzeroberfläche sollte klar und eindeutig sein und leicht verständliche Beschriftungen, Symbole und Anweisungen enthalten. Vermeiden Sie Fachjargon und Fachbegriffe, die Benutzer verwirren könnten.
- Einfachheit: Minimieren Sie Unordnung und Komplexität, indem Sie sich auf wesentliche Funktionen konzentrieren und unnötige Elemente eliminieren. Ein klares

und minimalistisches Design ist oft effektiver.

- Feedback: Geben Sie den Benutzeraktionen ein klares und zeitnahes Feedback und informieren Sie sie über die Reaktion des Systems. Dazu können visuelle Hinweise, akustische Signale und Statusmeldungen gehören.

- Barrierefreiheit: Design für Benutzer mit unterschiedlichen Bedürfnissen, einschließlich Menschen mit Seh-, Hör-, motorischen und kognitiven Beeinträchtigungen. Halten Sie sich an Barrierefreiheitsrichtlinien wie WCAG.

- Flexibilität: Ermöglichen Sie Benutzern, die Benutzeroberfläche an ihre Vorlieben und Bedürfnisse anzupassen. Dies kann Optionen zum Anpassen von Schriftgrößen, Farbschemata und Layouts umfassen.

- Effizienz: Entwerfen Sie auf Effizienz, indem Sie die Anzahl der zur Erledigung von

Aufgaben erforderlichen Schritte minimieren. Verwenden Sie Verknüpfungen, Standardwerte und andere Techniken, um die Benutzererfahrung zu optimieren.

- Vergebung: Design zur Fehlervermeidung und -behebung. Stellen Sie klare Fehlermeldungen bereit und ermöglichen Sie Benutzern, Fehler einfach rückgängig zu machen.

- Visuelle Hierarchie: Verwenden Sie visuelle Hinweise wie Größe, Farbe und Platzierung, um die Aufmerksamkeit des Benutzers zu lenken und eine klare visuelle Hierarchie festzulegen.

- Erschwinglichkeit: Lassen Sie interaktive Elemente anklickbar oder umsetzbar erscheinen. Schaltflächen sollten wie Schaltflächen aussehen und Bildlaufleisten sollten wie Bildlaufleisten aussehen.

- Mentale Modelle: Entwerfen Sie die Benutzeroberfläche so, dass sie mit den mentalen Modellen und Erwartungen der Benutzer übereinstimmt. Benutzer haben bereits Vorstellungen darüber, wie die Dinge funktionieren sollen, und die GUI sollte diese Vorstellungen widerspiegeln.

- Reaktionsfähigkeit: GUIs müssen auf unterschiedliche Bildschirmgrößen und Geräte reagieren.

- Erlernbarkeit: Eine gute GUI ist für neue Benutzer leicht zu erlernen und für Wiederholungsbenutzer leicht zu merken.

Durch die Einhaltung dieser Prinzipien können Designer GUIs erstellen, die nicht nur optisch ansprechend, sondern auch äußerst benutzerfreundlich und effektiv sind.

Kapitel 2: Einführung in React

2.1 Überblick über React

React ist eine deklarative, effiziente und flexible JavaScript-Bibliothek zum Erstellen von Benutzeroberflächen. Entwickelt und gepflegt von Facebook[1] (jetzt Meta) ermöglicht React Entwicklern die Erstellung wiederverwendbarer UI-Komponenten und erleichtert so die Erstellung komplexer und interaktiver Webanwendungen.

Zu den Hauptmerkmalen von React gehören:

- Komponentenbasierte Architektur: React-Anwendungen werden mit wiederverwendbaren Komponenten erstellt, bei denen es sich um eigenständige Einheiten der Benutzeroberfläche handelt. Dies fördert die Wiederverwendbarkeit, Modularität und Wartbarkeit des Codes.

- Deklarative Syntax: Mit React können Entwickler beschreiben, wie die Benutzeroberfläche für einen bestimmten Status aussehen soll, anstatt direkt anzugeben, wie das DOM manipuliert werden soll. Dies vereinfacht die Entwicklung und verringert das Fehlerrisiko.

- Virtuelles DOM: React verwendet ein virtuelles DOM, das eine speicherinterne Darstellung des tatsächlichen DOM ist. Wenn sich der Status der Anwendung ändert, aktualisiert React das virtuelle DOM effizient und berechnet dann die minimalen Änderungen, die zum Aktualisieren des realen DOM erforderlich sind, was zu einer verbesserten Leistung führt.

- Einseitiger Datenfluss: React folgt einem einseitigen Datenflussmuster, bei dem Daten von übergeordneten Komponenten zu untergeordneten Komponenten fließen. Dies erleichtert die Verfolgung und Verwaltung von Datenänderungen innerhalb der Anwendung.

- JSX (JavaScript XML): React verwendet JSX, eine Syntaxerweiterung, die es Entwicklern ermöglicht, HTML-ähnlichen Code in JavaScript zu schreiben. Das macht es einfacher[2] um die Struktur und das Erscheinungsbild von UI-Komponenten zu definieren.

- Große und aktive Community: React verfügt über eine große und aktive Community, die umfangreiche Dokumentation, Tutorials und Bibliotheken von Drittanbietern bereitstellt.

- Plattformübergreifende Funktionen: Mit React Native können native mobile Anwendungen mit React erstellt werden.

React eignet sich besonders gut zum Erstellen von:

- Single-Page-Anwendungen (SPAs)
- Komplexe Webanwendungen mit dynamischen UIs
- Mobile Anwendungen (mit React Native)
- Progressive Webanwendungen (PWAs)

2.2 Einrichten von Reaktionsprojekten

Es gibt verschiedene Methoden zum Einrichten von React-Projekten, jede mit ihren eigenen Vor- und Nachteilen.

- React App erstellen (CRA):
  - Dies ist die offiziell empfohlene Methode zum Erstellen von Single-Page-React-Anwendungen.
  - Es richtet eine Entwicklungsumgebung mit allem ein, was Sie zum Erstellen einer React-Anwendung benötigen,

einschließlich Webpack, Babel und anderen wichtigen Tools.

- ○ Es vereinfacht den Einrichtungsprozess und ermöglicht es Entwicklern, sich auf die Erstellung der Anwendung zu konzentrieren, anstatt die Entwicklungsumgebung zu konfigurieren.
- ○ Um ein Projekt mit CRA zu erstellen, verwenden Sie den folgenden Befehl:
- ○ Bash

```
npx create-react-app meine-app
CD meine-app
npm-Start
```

- ○
- ○

- Schnell:

- Vite ist ein Build-Tool, das die Entwicklungserfahrung für moderne Webprojekte erheblich verbessert.
- Es verwendet native ES-Module, um Code während der Entwicklung bereitzustellen, was zu schnelleren Startzeiten und Hot Module Replacement (HMR) führt.
- Um ein React-Projekt mit Vite zu erstellen, verwenden Sie den folgenden Befehl:
- Bash

```
npm erstellen vite@latest my-react-app --template reagieren
CD meine-react-app
npm installieren
npm run dev
```

-
-

- Manuelle Einrichtung (Erweitert):
  - Für erfahrene Entwickler, die eine detaillierte Kontrolle über die Projekteinrichtung benötigen, ist die manuelle Einrichtung eine Option.
  - Dazu gehört die manuelle Konfiguration von Webpack, Babel und anderen Tools.
  - Dieser Ansatz bietet zwar eine größere Flexibilität, erfordert jedoch ein tieferes Verständnis der zugrunde liegenden Technologien.

2.3 Reaktionskomponenten verstehen

React-Komponenten sind die Bausteine von React-Anwendungen. Dabei handelt es sich um wiederverwendbare, eigenständige Einheiten der Benutzeroberfläche, die zur Erstellung komplexer Schnittstellen zusammengestellt werden können.

- Funktionskomponenten:

- ○ Funktionskomponenten sind JavaScript-Funktionen, die JSX zurückgeben.
- ○ Sie sind einfacher und prägnanter als Klassenkomponenten.
- ○ Sie sind die bevorzugte Methode zum Schreiben von React-Komponenten in der modernen React-Entwicklung.
- ○ Beispiel:
- ○ JavaScript

```
Funktion MeineKomponente(Requisiten) {
  zurückkehren <div>Hallo, {props.name}!</div>;
}
```

- ○
- ○

- • Klassenkomponenten (Legacy):
  - ○ Klassenkomponenten sind JavaScript-Klassen, die das erweitern React.Component Klasse.

- Sie haben Zugriff auf Lebenszyklusmethoden und Statusverwaltungsfunktionen.
- Funktionskomponenten mit Hooks werden zwar weiterhin unterstützt, werden aber im Allgemeinen gegenüber Klassenkomponenten bevorzugt.
- Beispiel:
- JavaScript

Klasse MeineKomponente erstreckt sich React.Component {
machen() {
    zurückkehren <div>Hallo, {this.props.name}!</div>;
    }
}
-
-

- Requisiten (Eigenschaften):
  - Requisiten werden verwendet, um Daten von übergeordneten Komponenten an untergeordnete Komponenten zu übergeben.
  - Sie sind schreibgeschützt und können von der untergeordneten Komponente nicht geändert werden.[3]
  - Beispiel:
  - JavaScript

```
<MeinKomponentenname="John" />
```
  -
  -

- Zustand:
  - Der Status wird zum Verwalten von Daten innerhalb einer Komponente verwendet.
  - Es ist veränderbar und kann mit aktualisiert werden useState Haken

(für Funktionsteile) oder der setState Methode (für Klassenkomponenten).

- ○ Zustandsänderungen lösen ein erneutes Rendern der Komponente aus.
- ○ Beispiel (mit Hooks):
- ○ JavaScript

Import Reagieren, { useState } aus 'reagieren';

Funktion MeineKomponente() {
  const [count, setCount] = useState(0);

  zurückkehren (

    <P>Anzahl: {Anzahl}</P>
      <Taste onClick={() => setCount(count + 1)}>Inkrementieren</Taste>

  );

}

- ○

- ○

- Lebenszyklusmethoden (Klassenkomponenten):

  - ○ Lebenszyklusmethoden sind spezielle Methoden, die in verschiedenen Phasen des Lebenszyklus einer Komponente aufgerufen werden.

  - ○ Sie[4] Ermöglichen Sie Entwicklern die Durchführung von Aktionen wie dem Abrufen von Daten, dem Aktualisieren des DOM und dem Bereinigen von Ressourcen.

  - ○ Beispiele hierfür sind ComponentDidMount, ComponentDidUpdate, Und ComponentWillUnmount.

- Haken (Funktionskomponenten):

  - ○ Hooks sind Funktionen, die es Funktionskomponenten

ermöglichen, auf den Status und andere React-Funktionen zuzugreifen.

○ Beispiele hierfür sind useState, useEffect, useContext, Und useRef.

○ Hooks vereinfachen die Komponentenlogik und erleichtern die Wiederverwendung von Code.

• Komponentenzusammensetzung:

○ React fördert die Zusammenstellung kleiner, wiederverwendbarer Komponenten zum Aufbau komplexer Benutzeroberflächen.

○ Dies fördert Modularität, Wartbarkeit und Wiederverwendbarkeit des Codes.

• Bedingtes Rendering:

○ Mit React können Entwickler Elemente basierend auf dem Anwendungsstatus bedingt rendern.

- Dies erfolgt mithilfe von bedingten JavaScript-Operatoren oder ternären Operatoren innerhalb des JSX.
- Listen und Schlüssel:
  - Beim Rendern von Elementlisten sollte jedes Element eine eindeutige „Schlüssel"-Requisite haben. Dies hilft React dabei, das DOM effizient zu aktualisieren.

Das Verständnis der React-Komponenten ist für die Erstellung robuster und wartbarer React-Anwendungen unerlässlich.

Teil II: GUI-Anwendungen mit React erstellen

Kapitel 3: GUI-Komponenten mit React erstellen

3.1 Funktionskomponenten erstellen

Funktionskomponenten sind die Grundbausteine von React-GUIs. Dabei handelt es sich um einfache JavaScript-Funktionen, die JSX (JavaScript XML) zurückgeben, das die UI-Struktur beschreibt.

- Grundlegende Funktionskomponenten:
  - Eine einfache Funktionskomponente kann statischen Inhalt rendern.
  - Beispiel:
  - JavaScript

Funktion Gruß() {

zurückkehren <h1>Hallo, Reagiere!</h1>;
}

- o

- o

- Komponenten mit Requisiten:
  - o Requisiten (Eigenschaften) ermöglichen die Weitergabe von Daten von übergeordneten Komponenten an untergeordnete Komponenten.
  - o Requisiten sind innerhalb der untergeordneten Komponente schreibgeschützt.
  - o Beispiel:
  - o JavaScript

```
Funktion Benutzerkarte(Requisiten) {
zurückkehren (
 <div>
  <h2>{props.name}</h2>
```

```
    <P>E-Mail: {props.email}</P>
  </div>
 );
}

// Verwendung:
<Benutzerkartenname=„Alice"
email=„alice@example.com" />
```

- o

- o

- **Komponentenzusammensetzung:**
  - o Funktionskomponenten können verschachtelt werden, um komplexe UI-Strukturen zu erstellen.
  - o Dies fördert die Wiederverwendbarkeit und Modularität des Codes.
  - o Beispiel:
  - o JavaScript

```
Funktion PageHeader(Requisiten){
  zurückkehren(
    <Kopfzeile>
      <h1>{props.title}</h1>
        <gibt es nicht>{props.navigation}</gibt es
nicht>
    </Kopfzeile>
  );
}

Funktion Navigation(){
  zurückkehren(
    <ul>
      <Das>Startseite</Das>
      <Das>Über</Das>
      <Das>Kontakt</Das>
    </ul>
  )
}

Funktion Seite(){
```

```
zurückkehren(
    <div>
        <PageHeader Titel=„Meine Website"
Navigation={<Navigation/>}/>
            <hauptsächlich>Inhalt
hier</hauptsächlich>
    </div>
    )
}
```
- o
- o

- Zurückgeben von JSX:
  - o Funktionskomponenten müssen JSX zurückgeben.
  - o JSX ermöglicht die Einbettung einer HTML-ähnlichen Syntax in JavaScript.
  - o JSX-Ausdrücke können JavaScript-Variablen und -Ausdrücke in geschweiften Klammern enthalten {}.

3.2 Verwendung von State und Props

Status und Requisiten sind für die Erstellung dynamischer und interaktiver GUI-Komponenten unerlässlich.

- Requisiten (Eigenschaften):
  - Requisiten werden verwendet, um Daten von übergeordneten Komponenten an untergeordnete Komponenten zu übergeben.
  - Sie sind innerhalb der untergeordneten Komponente unveränderlich.
  - Requisiten werden zum Konfigurieren und Anpassen von Komponenten verwendet.
  - Beispiel:
  - JavaScript

Funktion Taste(Requisiten) {

```
zurückkehren          <Taste
onClick={props.onClick}>{props.label}</Taste>;
}

// Verwendung:
<Schaltflächenbezeichnung=„Klick        mich"
onClick={()      =>      Konsole.Protokoll(„Knopf
angeklickt!")} />
```

○

○

- Status (useState Hook):
  - Der useState Mit dem Hook können funktionale Komponenten den Status verwalten.
  - Der Status stellt Daten dar, die sich innerhalb einer Komponente ändern können.
  - Statusänderungen lösen ein erneutes Rendern der Komponente aus.
  - Beispiel:
  - JavaScript

```
Import Reagieren, { useState } aus 'reagieren';

Funktion Schalter() {
  const [count, setCount] = useState(0);

  zurückkehren (
   <div>
    <P>Anzahl: {Anzahl}</P>
       <Taste onClick={() => setCount(count +
1)}>Inkrementieren</Taste>
    </div>
   );
}
```

  ○

  ○

- Komplexen Zustand verwalten:
  ○ Für komplexe Zustände können Sie
    Objekte oder Arrays verwenden.
  ○ Erstellen Sie beim Aktualisieren eines
    komplexen Status eine neue Kopie des
    Statusobjekts oder -arrays, um eine

Änderung des ursprünglichen Status zu vermeiden.

○ Beispiel:

○ JavaScript

Import Reagieren, { useState } aus 'reagieren';

Funktion Bilden() {
    const [formData, setFormData] = useState({ Name: '', E-Mail: '' });

    const handleChange = (e) => {
        setFormData({ ...formData, [e.target.name]: e.target.value });
    };

    zurückkehren (
    <bilden>

```
    <Eingang Typ="Text" Name="Name"
Wert={formData.name}
onChange={handleChange} />
    <Eingang Typ="E-Mail" Name="E-Mail"
Wert={formData.email}
onChange={handleChange} />
    <P>Name: {formData.name}, E-Mail:
{formData.email}</P>
  </bilden>
 );
}
```

o

o

3.3 Umgang mit Ereignissen

Die   Ereignisbehandlung   ermöglicht
Benutzerinteraktion und dynamisches Verhalten in
React-GUIs.

- Grundlagen der Ereignisverarbeitung:

- React verwendet synthetische Ereignisse, bei denen es sich um browserübergreifende Wrapper um native Browserereignisse handelt.
- Ereignishandler werden als Funktionen definiert und als Requisiten an Elemente übergeben.
- Zu den üblichen Ereignissen gehören onClick, onChange, onSubmit, Und onKeyDown.
- Beispiel:
- JavaScript

```
Funktion AlertButton() {
  const handleClick = () => {
    Alarm("Knopf angeklickt!");
  };

  zurückkehren          <Taste
onClick={handleClick}>Alarm</Taste>;
```

}

○

○

- Übergeben von Ereignisdaten:
    - ○ Event-Handler erhalten als Argument ein Event-Objekt, das Informationen über das Event enthält.
    - ○ Sie können auf Ereignisdaten wie das Zielelement und den Ereignistyp zugreifen.
    - ○ Beispiel:
    - ○ JavaScript

```
Funktion InputLogger() {
  const handleChange = (Ereignis) => {
            Konsole.Protokoll('Eingabewert:',
event.target.value);
  };
```

zurückkehren   <Eingang   Typ="Text"
onChange={handleChange} />;

}

○

○

- Standardverhalten verhindern:
    - Der   event.preventDefault()   Die
      Methode kann verwendet werden, um
      das   Standardverhalten   eines
      Ereignisses zu verhindern, z. B. das
      Absenden eines Formulars.
    - Beispiel:
    - JavaScript

```
Funktion FormSubmitLogger() {
  const handleSubmit = (Ereignis) => {
  event.preventDefault();
  Konsole.Protokoll("Formular eingereicht!");
};
```

```
zurückkehren (
  <bilden onSubmit={handleSubmit}>
  <Taste Typ="einreichen">Senden</Taste>
  </bilden>
 );
}
```

      ○

      ○

- Ereignisbehandlung mit Status:
  - Ereignishandler werden häufig zum Aktualisieren des Status verwendet, wodurch erneute Renderings ausgelöst und die Benutzeroberfläche aktualisiert werden.
  - Beispiel:
  - JavaScript

```
Import Reagieren, { useState } aus 'reagieren';

Funktion ToggleButton() {
```

```
const [isOn, setIsOn] = useState(FALSCH);

const handleClick = () => {
 setIsOn(!isOn);
};

zurückkehren (
 <Taste onClick={handleClick}>
 {isOn ? 'EIN' : 'AUS'}
 </Taste>
);
}
```

- o

- o

- Übergeben von Event-Handlern als Requisiten:
  - o Ereignishandler können als Requisiten von übergeordneten Komponenten an untergeordnete Komponenten übergeben werden, sodass untergeordnete Komponenten

Aktionen in übergeordneten Komponenten auslösen können.

Durch die Beherrschung dieser Konzepte können Entwickler mit React interaktive und dynamische GUI-Komponenten erstellen.

Kapitel 4: Komplexe
GUI-Anwendungen erstellen

Dieses Kapitel befasst sich mit den Techniken und Werkzeugen, die zum Erstellen anspruchsvoller und wartbarer grafischer Benutzeroberflächen (GUIs) mit React erforderlich sind. Wir werden über die grundlegende Komponentenerstellung hinausgehen und uns mit erweitertem Zustandsmanagement, Routing und der effektiven Verwendung von React-Hooks befassen, um robuste und skalierbare Anwendungen zu erstellen.

4.1 Einführung: React-Anwendungen skalieren

- Die Notwendigkeit eines Komplexitätsmanagements: Wenn Anwendungen wachsen, reicht der einfache

Status auf Komponentenebene nicht mehr aus. Wir brauchen strukturierte Ansätze zur Verwaltung des Datenflusses, des Anwendungsstatus und der Navigation.

- Architekturüberlegungen: Besprechen Sie, wie wichtig es ist, die Anwendungsarchitektur frühzeitig zu berücksichtigen, um zukünftige Refactoring-Herausforderungen zu vermeiden.

- Überblick über Schlüsseltechnologien: Einführung von React Hooks, Redux/MobX und React Router als wesentliche Tools für die Erstellung komplexer GUIs.

4.2 Die Kraft von React Hooks nutzen

- 4.2.1 React Hooks verstehen:
  - Eine ausführliche Erklärung, was Hooks sind und warum sie eingeführt wurden.

- Die Regeln von Hooks: Rufen Sie Hooks nur auf der obersten Ebene auf und rufen Sie Hooks nur von React-Funktionskomponenten auf.
- 4.2.2 Wesentliche integrierte Haken:
  - useState: Verwalten des lokalen Komponentenstatus.
    - Anwendungsbeispiele useState für einfache Datenverwaltung und komplexe Objektaktualisierungen.
  - useEffect: Umgang mit Nebenwirkungen (Datenabruf, Abonnements, manuelle DOM-Manipulationen).
    - Detaillierte Erläuterungen zu Abhängigkeitsarrays und deren Auswirkungen auf useEffect Ausführung.

- Beseitigen von Nebenwirkungen, um Speicherlecks zu verhindern.
- useContext: Zugriff auf Kontextwerte.
  - Demonstrieren, wie useContext Vereinfacht den Datenaustausch zwischen Komponenten ohne Bohren.
- useReducer: Verwaltung komplexer Zustandslogik.
  - Vergleichen useReducer mit useState und wann man sie jeweils verwenden sollte.
  - Zustandsübergänge mithilfe von Aktionen und Reduzierern implementieren.
- im Memo Und useCallback: Optimierung der Leistung durch Merken von Werten und Funktionen.

- Erklären wie im Memo Und
  useCallback Vermeiden Sie
  unnötiges erneutes Rendern.

- Bereitstellung von Beispielen
  für die Optimierung
  rechenintensiver Vorgänge.

○ useRef: Auf DOM-Elemente
zugreifen und veränderbare Werte
beibehalten.

- Unterscheiden zwischen
  useRef Und useState zur
  Speicherung veränderlicher
  Werte.

- Benutzen useRef um direkt auf
  DOM-Elemente zuzugreifen.

- 4.2.3 Erstellen benutzerdefinierter Hooks:
  ○ Erstellen wiederverwendbarer Logik
  mit benutzerdefinierten Hooks.
  ○ Beispiele für benutzerdefinierte
  Hooks für den Datenabruf, die

Formularverarbeitung und andere gängige Muster.

- ○ Die Vorteile der Wiederverwendung und Abstraktion von Code durch die Erstellung benutzerdefinierter Hooks.

4.3 State Management mit Redux oder MobX

- 4.3.1 Die Notwendigkeit eines globalen Staatsmanagements:
  - ○ Behebung der Einschränkungen des Zustands auf Komponentenebene in großen Anwendungen.
  - ○ Einführung des Konzepts eines zentralen Ladens.
- 4.3.2 Redux:
  - ○ Kernkonzepte: Aktionen, Reduzierer und der Speicher.
    - Detaillierte Erläuterung des unidirektionalen Datenflusses.

- ■ Veranschaulichung der Rolle von Aktionen bei der Beschreibung von Zustandsänderungen.
- ■ Erklären, wie Reduzierer den Speicher basierend auf Aktionen aktualisieren.
  - ○ Implementierung: Redux einrichten, Aktionen und Reduzierer erstellen und Komponenten mit verbinden React-Redux.
  - ○ Middleware: Verständnis der Redux-Middleware (z. B. Redux Thunk, Redux Saga) für die Handhabung asynchroner Vorgänge.
  - ○ DevTools: Verwendung von Redux DevTools zum Debuggen und Überprüfen von Statusänderungen.
- • 4.3.3 MobX:
  - ○ Kernkonzepte: Observable, Aktionen und Reaktionen.

- Erklären des beobachtbaren Musters und seiner Auswirkungen auf die Staatsverwaltung.
- Veranschaulichung, wie MobX automatisch Abhängigkeiten verfolgt und Komponenten aktualisiert.
  - Implementierung: MobX einrichten, beobachtbare Stores erstellen und Komponenten mit verbinden mobx-reagieren.
  - Vor- und Nachteile: Vergleich von Redux und MobX hinsichtlich Komplexität, Leistung und Lernkurve.
- 4.3.4 Wahl zwischen Redux und MobX:
  - Richtlinien zur Auswahl der geeigneten Zustandsverwaltungsbibliothek

basierend auf den
Projektanforderungen.

- ○ Besprechen Sie Faktoren wie
  Teamvertrautheit,
  Anwendungskomplexität und
  Leistungsaspekte.

4.4 Clientseitiges Routing mit React Router

- 4.4.1 Clientseitiges Routing verstehen:
  - ○ Erläutern des Konzepts von
    Single-Page-Anwendungen (SPAs)
    und clientseitigem Routing.
  - ○ Diskussion der Vorteile reibungsloser
    Übergänge und einer verbesserten
    Benutzererfahrung.
- 4.4.2 React Router-Grundlagen:
  - ○ React Router installieren und
    einrichten.

- ○ Benutzen <BrowserRouter>, <Routen>, Und <Route> Komponenten.
- ○ Implementierung der grundlegenden Navigation mit <Link> Komponenten.
- 4.4.3 Dynamisches Routing und Routenparameter:
  - ○ Übergabe von Parametern in Routenpfaden.
  - ○ Zugriff auf Routenparameter mit useParams Haken.
  - ○ Erstellen dynamischer Seiten basierend auf Routenparametern.
- 4.4.4 Verschachtelte Routen und Layouts:
  - ○ Erstellen verschachtelter Routen für komplexe Seitenstrukturen.
  - ○ Implementierung gemeinsamer Layouts und Navigationselemente.

- ○ Verwenden der Outlet-Komponente für das Rendern untergeordneter Routen.
- 4.4.5 Programmatische Navigation:
  - ○ Mit der verwendenNavigieren Hook für programmatische Navigation.
  - ○ Umleiten von Benutzern basierend auf der Anwendungslogik.
- 4.4.6 Umgang mit 404-Seiten und Weiterleitungen:
  - ○ Implementieren benutzerdefinierter 404-Seiten mithilfe von <Routenpfad="*"> Syntax.
  - ○ Umleiten von Benutzern basierend auf dem Authentifizierungsstatus oder anderen Bedingungen.
- 4.4.7 Lazy-Loading-Routen:
  - ○ Verwendung von React.lazy und Suspense für Code-Splitting und Lazy-Loading-Routen.

- Verbessern der Erstladeleistung durch Laden von Routenkomponenten nach Bedarf.

4.5 Integration von Hooks, Statusverwaltung und Routing: Ein praktisches Beispiel

- Erstellen einer komplexen Anwendung:
    - Ein umfassendes Beispiel, das die Integration von Hooks, Redux/MobX und React Router demonstriert.
    - Implementierung von Funktionen wie Benutzerauthentifizierung, Datenabruf und dynamischer Seitenwiedergabe.
- Best Practices und Designmuster:
    - Anwendung von Best Practices für die Codeorganisation, Wiederverwendbarkeit von

Komponenten und Leistungsoptimierung.

o Besprechen gängiger Entwurfsmuster zum Erstellen wartbarer und skalierbarer React-Anwendungen.

4.6 Testen komplexer GUI-Anwendungen

- Testen von Reaktionskomponenten:
  - o Verwendung der Jest- und React-Testbibliothek.
  - o Schreiben von Unit-Tests für Komponenten.
  - o Abhängigkeiten verspotten.
- Testen des Redux/MobX-Status:
  - o Reduzierer/Speicher testen.
  - o Testaktionen.
  - o Testen verbundener Komponenten.
- Testen der React Router-Navigation:
  - o Testen der Navigationslogik.
  - o Routenparameter testen.

- End-to-End-Tests:
  - Mit Zypresse oder Selen.
  - Benutzerströme testen.

4.7 Fazit: Wartbare und skalierbare Reaktionsanwendungen erstellen

- Zusammenfassung der wichtigsten Konzepte und Techniken, die in diesem Kapitel behandelt werden.
- Betonung der Bedeutung der Auswahl der richtigen Tools und Architektur für spezifische Projektanforderungen.
- Ermutigung, sich weiter mit fortgeschrittenen React-Konzepten und Best Practices auseinanderzusetzen.

Teil III: Einführung in Electron

Kapitel 5: Einführung in Electron

In diesem Kapitel wird Electron vorgestellt, ein leistungsstarkes Framework zum Erstellen plattformübergreifender Desktop-Anwendungen mithilfe von Webtechnologien. Wir werden die Grundlagen von Electron erkunden, lernen, wie man Projekte einrichtet, und uns mit seiner Architektur befassen, um zu verstehen, wie es Web- und native Funktionen nahtlos miteinander verbindet.

5.1 Einführung in Electron: Überbrückung von Web und Desktop

- 5.1.1 Der Bedarf an plattformübergreifenden Desktop-Anwendungen:

- Diskussion der Herausforderungen beim Erstellen nativer Anwendungen für mehrere Betriebssysteme.
- Wir stellen Electron als Lösung vor, die Webtechnologien für die plattformübergreifende Entwicklung nutzt.

- 5.1.2 Was ist ein Elektron?
  - Definieren von Electron als Framework, das Chromium und Node.js in einer einzigen Laufzeit kombiniert.
  - Hervorhebung der Vorteile der Verwendung bekannter Webtechnologien (HTML, CSS, JavaScript) für die Desktop-Entwicklung.

- 5.1.3 Anwendungsfälle und Anwendungen:
  - Präsentation beliebter Electron-Anwendungen (z. B. VS Code, Slack, Discord).

- Besprechen verschiedener Anwendungsfälle, darunter Produktivitätstools, Kommunikations-Apps und Mediaplayer.
- Die Vorteile der Verwendung von Webtechnologien für die Benutzeroberfläche und Node.js für Backend-Vorgänge.

5.2 Einrichten von Elektronenprojekten

- 5.2.1 Voraussetzungen:
  - Sicherstellen, dass Node.js und npm (oder Yarn) installiert sind.
  - Grundlegende Konzepte von JavaScript, HTML und CSS verstehen.
- 5.2.2 Initialisieren eines neuen Elektronenprojekts:

- Erstellen eines Projektverzeichnisses und Initialisieren eines package.json Datei.
- Installieren der Elektron Paket als Entwicklungsabhängigkeit.
- Erklären der Bedeutung der Datei package.json.
- 5.2.3 Erstellen des Hauptprozesses (main.js):
  - Erläutern der Rolle des Hauptprozesses als Einstiegspunkt der Electron-Anwendung.
  - Importieren der erforderlichen Module (App, BrowserWindow).
  - Erstellen eines einfachen Fensters mit BrowserWindow.
  - Verwalten des Anwendungslebenszyklus (z. B. app.on('bereit'), app.on('window-all-closed')).
- 5.2.4 Erstellen des Renderer-Prozesses (index.html, renderer.js):

- Den Renderer-Prozess verstehen, da die Webseite im angezeigt wird BrowserWindow.
- Erstellen eines index.html Datei mit grundlegender HTML-Struktur.
- Hinzufügen eines renderer.js Datei für clientseitige JavaScript-Logik.
- Demonstration der Kommunikation zwischen dem Hauptprozess und dem Renderer-Prozess.

- 5.2.5 Ausführen der Electron-Anwendung:
  - Erstellen eines Startskripts in package.json um die Anwendung auszuführen Elektron..
  - Starten Sie die Anwendung und beobachten Sie das erste Fenster.

- 5.2.6 Projektstruktur und Best Practices:
  - Erläutern gängiger Ordnerstrukturen.
  - Besprechen von Best Practices für die Organisation von Code und Assets.
  - Abhängigkeiten verwalten.

5.3 Die Architektur von Electron verstehen

- 5.3.1 Hauptprozess vs. Renderer-Prozess:
  - Eine detaillierte Erklärung der beiden Primärprozesse in Electron.
  - Veranschaulichung der Trennung von Anliegen und der Kommunikation zwischen den Prozessen.
- 5.3.2 Chromium- und Node.js-Integration:
  - Erklären, wie Electron Chromium zum Rendern von Webinhalten und Node.js für den Zugriff auf Systemressourcen kombiniert.
  - Diskussion der Vorteile dieser Integration.
- 5.3.3 Die BrowserWindow Modul:
  - Ein umfassender Überblick über die BrowserWindow Modul und seine Fähigkeiten.
  - Fenstereigenschaften konfigurieren (z. B. Größe, Titel, Symbol).

- ○ Laden von Webinhalten in das Fenster.
- ○ Verwenden der webContents-Eigenschaft.
- 5.3.4 Interprozesskommunikation (IPC):
  - ○ Erläuterung der Notwendigkeit, dass IPC die Kommunikation zwischen dem Haupt- und dem Renderer-Prozess ermöglicht.
  - ○ Wir stellen vor ipcMain Und ipcRenderer Module.
  - ○ Demonstration des Sendens und Empfangens von Nachrichten mit ipcMain.handle, ipcRenderer.invoke, ipcMain.on, Und ipcRenderer.send.
  - ○ Asynchroner und synchroner IPC.
- 5.3.5 Zugriff auf native APIs:
  - ○ Erörterung, wie Electron Zugriff auf native Betriebssystem-APIs bietet.
  - ○ Einführung von Modulen wie Dialog, Hülse, Und fs.

- o Demonstration, wie diese Module verwendet werden, um mit dem Dateisystem zu interagieren, Dialoge anzuzeigen und externe Ressourcen zu öffnen.
- 5.3.6 Verpackung und Vertrieb:
  - o Einführung in den Elektronenbildner und Elektronenverpacker.
  - o Erstellen von Anwendungen für verschiedene Betriebssysteme.
  - o Code-Signierung und -Verteilung.
- 5.3.7 Sicherheitsaspekte:
  - o Kontextisolation und die Gefahren der Knotenintegration.
  - o Remote-Codeausführung und Best Practices.
  - o Schutz von Benutzerdaten und Anwendungsintegrität.

5.4 Die Kernmodule von Electron: Ein tieferer Einblick

- 5.4.1 App Modul:
  - Verwalten des Anwendungslebenszyklus und der Ereignisse.
  - Umgang mit Anwendungseinstellungen und -präferenzen.
- 5.4.2 Dialog Modul:
  - Anzeige nativer Dialogfelder zur Dateiauswahl, Meldungsaufforderungen und Warnungen.
- 5.4.3 Hülse Modul:
  - Öffnen von URLs, Dateien und Ordnern mit den Standardanwendungen des Betriebssystems.
  - Arbeiten mit dem Datei-Explorer des Systems.
- 5.4.4 fs Modul:

- Auf das Dateisystem zugreifen und es manipulieren.
- Dateien lesen und schreiben.

- 5.4.5 Speisekarte Und Tablett Module:

- Erstellen von Anwendungsmenüs und Taskleistensymbolen.
- Hinzufügen benutzerdefinierter Menüelemente und Tray-Funktionalität.

5.5 Debugging- und Entwicklungstools

- 5.5.1 Chromium DevTools:

- Verwendung von Chromium DevTools zum Debuggen von Renderer-Prozesscode.
- Elemente prüfen, JavaScript debuggen und Leistung profilieren.

- 5.5.2 Debuggen des Hauptprozesses:

- Verwendung der Debugging-Tools von Node.js (z. B. Knoten prüfen).

- o Haltepunkte setzen und Code schrittweise durchgehen.
- 5.5.3 Electron DevTools-Erweiterungen:
  - o Installieren und Verwenden von React DevTools, Redux DevTools und anderen nützlichen Erweiterungen.
- 5.5.4 Protokollierung und Fehlerbehandlung:
  - o Implementierung effektiver Protokollierungsmechanismen.
  - o Behandeln Sie Fehler elegant und stellen Sie informative Meldungen bereit.

5.6 Fazit: Die Kraft des Elektrons

- Zusammenfassung der wichtigsten Konzepte und Techniken, die in diesem Kapitel behandelt werden.

- Der Schwerpunkt liegt auf der Fähigkeit von Electron, plattformübergreifende Desktop-Anwendungen mithilfe von Webtechnologien zu erstellen.
- Ermutigung, die umfangreiche API von Electron zu erkunden und innovative Desktop-Anwendungen zu erstellen.

Kapitel 6: Desktop-Anwendungen mit Electron erstellen

Dieses Kapitel baut auf den Grundkenntnissen von Electron aus dem vorherigen Kapitel auf und befasst sich mit den praktischen Aspekten der Entwicklung voll funktionsfähiger Desktop-Anwendungen. Wir werden untersuchen, wie wir die APIs von Electron nutzen können, um auf native Funktionen zuzugreifen, Desktop-spezifische Funktionen zu implementieren und ein nahtloses Benutzererlebnis zu schaffen.

6.1 Entwerfen und Planen von Desktop-Anwendungen

- 6.1.1 Überlegungen zur Benutzererfahrung (UX):
  - Die Unterschiede zwischen Web- und Desktop-UX verstehen.
  - Entwerfen intuitiver Schnittstellen, die plattformspezifischen Konventionen entsprechen.
  - Implementierung von Tastaturkürzeln und Menüelementen für eine effiziente Navigation.
- 6.1.2 Anwendungsarchitektur und -struktur:
  - Planen Sie die Architektur der Anwendung basierend auf ihrer Komplexität und ihren Funktionen.
  - Organisieren von Code und Assets für Wartbarkeit und Skalierbarkeit.
  - Entscheidung über die geeignete Zustandsverwaltungslösung für die Anwendung.
- 6.1.3 Funktionsplanung und -implementierung:

- ○ Definieren der Kernfunktionen der Anwendung und Priorisieren der Entwicklung.
- ○ Komplexe Funktionen in kleinere, überschaubare Aufgaben aufteilen.
- ○ Verwendung der APIs von Electron zur Implementierung Desktop-spezifischer Funktionen.

6.2 Nutzung der Electron-APIs für native Funktionalität

- 6.2.1 Dateisysteminteraktion (fs Modul):
  - ○ Dateien lesen und schreiben mit fs.readFile, fs.writeFileund verwandte Methoden.
  - ○ Implementierung von Dateidialogen zur Auswahl von Dateien und Verzeichnissen.
  - ○ Dateivorgänge asynchron und synchron verarbeiten.

- 6.2.2 Dialogfelder (Dialog Modul):
  - Anzeige von Meldungsfeldern, Fehlerdialogen und Sicherheitsabfragen.
  - Erstellen benutzerdefinierter Dateiauswahl- und Speicherdialoge.
  - Umgang mit Benutzerinteraktionen mit Dialogfeldern.
- 6.2.3 System-Shell-Integration (Hülse Modul):
  - Öffnen von URLs, Dateien und Ordnern mit den Standardanwendungen des Systems.
  - Elemente im Datei-Explorer des Betriebssystems anzeigen.
  - Implementierung der Drag-and-Drop-Funktionalität.
- 6.2.4 Zugriff auf die Zwischenablage:
  - Verwenden des Zwischenablagemoduls zum

Kopieren und Einfügen von Text und anderen Daten.

- ○ Implementieren von Aktionen im Zusammenhang mit der Zwischenablage.
- 6.2.5 Benachrichtigungen:
  - ○ Implementierung nativer Betriebssystembenachrichtigungen.
  - ○ Anpassen des Erscheinungsbilds und Verhaltens von Benachrichtigungen.
- 6.2.6 Menüs und Kontextmenüs (Speisekarte Modul):
  - ○ Anwendungsmenüs und Kontextmenüs erstellen.
  - ○ Hinzufügen benutzerdefinierter Menüelemente und Untermenüs.
  - ○ Implementierung von Tastaturkürzeln und Event-Handlern.
- 6.2.7 Systemablage (Tablett Modul):
  - ○ Erstellen von Symbolen und Menüs in der Taskleiste.

- ○ Implementierung von Hintergrundoperationen und Benachrichtigungen.
- ○ Verwalten des Status von Taskleistensymbolen.

6.3 Umgang mit Desktop-spezifischen Funktionen

- 6.3.1 Anwendungseinstellungen und -präferenzen:
  - ○ Anwendungseinstellungen speichern und abrufen mit Elektronenspeicher oder ähnliche Bibliotheken.
  - ○ Erstellen eines Einstellungsfensters oder -dialogs zur Benutzeranpassung.
  - ○ Implementierung automatischer Updates für Einstellungen.
- 6.3.2 Fensterverwaltung:
  - ○ Mehrere Fenster erstellen und deren Zustände verwalten.

- o Implementieren der Größenänderung, Minimierung und Maximierung von Fenstern.
- o Fensterfokus und Interaktionen verwalten.
- 6.3.3 Drag-and-Drop-Funktionalität:
  - o Implementierung der Drag-and-Drop-Funktionalität für Dateien und Daten.
  - o Handhabung von Drag-and-Drop-Ereignissen und Datenübertragung.
- 6.3.4 Native Menüs und Tastaturkürzel:
  - o Erstellen Sie native Menüs, die den plattformspezifischen Konventionen entsprechen.
  - o Implementieren von Tastaturkürzeln für häufige Aktionen.
  - o Verwalten von Menüzuständen und Aktivieren/Deaktivieren von Menüelementen.

- 6.3.5 Anwendungsaktualisierungen:
    - Implementierung automatischer Anwendungsaktualisierungen mithilfe von Elektronen-Updater.
    - Bereitstellung von Benutzerfeedback während des Aktualisierungsprozesses.
    - Umgang mit Update-Fehlern und Rollback-Mechanismen.
- 6.3.6 Native Integrationen:
    - Arbeiten mit nativen Betriebssystembibliotheken.
    - Interaktion mit Hardwaregeräten.

6.4 Best Practices für die Interprozesskommunikation (IPC).

- 6.4.1 Effizientes IPC-Design:
    - Minimierung der zwischen Prozessen übertragenen Datenmenge.

- o Verwendung von asynchronem IPC für nicht blockierende Vorgänge.
- o Entwerfen klarer und konsistenter IPC-Nachrichtenformate.
- 6.4.2 Sicherheitsaspekte:
  - o Validierung und Bereinigung der über IPC empfangenen Daten.
  - o Beschränken des Zugriffs auf sensible APIs und Ressourcen.
  - o Kontextisolierung und Deaktivierung von nodeIntegration, wo möglich.
- 6.4.3 Fehlerbehandlung und Protokollierung:
  - o Implementierung einer robusten Fehlerbehandlung für IPC-Operationen.
  - o Protokollierung von IPC-Meldungen zum Debuggen und Überwachen.
- 6.4.4 Leistungsoptimierung:
  - o Vermeidung unnötiger IPC-Aufrufe.

- Stapeln von IPC-Nachrichten nach Möglichkeit.
- Profilierung der IPC-Leistung.

6.5 Verpackung und Verteilung von Elektronenanwendungen

- 6.5.1 Auswahl eines Verpackungstools:
  - Vergleichen Elektronenbildner Und Elektronenverpacker.
  - Auswahl des geeigneten Werkzeugs basierend auf den Projektanforderungen.
- 6.5.2 Verpackungsoptionen konfigurieren:
  - Angeben von Anwendungsmetadaten, Symbolen und Build-Einstellungen.
  - Generieren von Installationsprogrammen für verschiedene Betriebssysteme.
  - Code-Signierung und Beglaubigung.

- 6.5.3 Vertriebsstrategien:
  - Verteilen von Anwendungen über App Stores oder direkte Downloads.
  - Implementierung automatischer Updates und Versionierung.
  - Abwicklung der Anwendungsbereitstellung.
- 6.5.4 Antragsunterzeichnung und notarielle Beglaubigung:
  - Bedeutung der Codesignatur.
  - Apple-Notarbeglaubigung.

6.6 Testen und Debuggen von Desktop-Anwendungen

- 6.6.1 Unit-Tests:
  - Schreiben von Komponententests für Renderer-Prozesskomponenten und -logik.
  - Verspottung von Electron-APIs und -Abhängigkeiten.

- 6.6.2 Integrationstests:
  - Testen der Interaktion zwischen den Haupt- und Renderer-Prozessen.
  - Überprüfung der IPC-Kommunikation und des Datenflusses.
- 6.6.3 End-to-End-Tests:
  - Automatisierung von Benutzerinteraktionen und Testen von Anwendungsworkflows.
  - Verwendung von Tools wie Cypress oder Spectron.
- 6.6.4 Debugging-Techniken:
  - Verwendung von Chromium DevTools zum Debuggen von Renderer-Prozesscode.
  - Debuggen des Hauptprozesses mit den Debugging-Tools von Node.js.
  - Protokollierung und Fehlerberichterstattung.

6.7 Fazit: Aufbau robuster Desktop-Erlebnisse

- Zusammenfassung der wichtigsten Konzepte und Techniken, die in diesem Kapitel behandelt werden.

- Betonung der Leistungsfähigkeit der APIs und Desktop-spezifischen Funktionen von Electron.

- Ermutigung, fortgeschrittene Electron-Konzepte zu erkunden und innovative Desktop-Anwendungen zu entwickeln.

Teil IV: Integrierende Reaktion mit Elektron

Kapitel 7: React mit Electron integrieren

Dieses Kapitel konzentriert sich auf die leistungsstarke Synergie von React und Electron und kombiniert die robusten UI-Funktionen von React mit der plattformübergreifenden Desktop-Funktionalität von Electron. Wir werden untersuchen, wie man ein React-Electron-Projekt einrichtet, React-Komponenten innerhalb von Electron effektiv nutzt und eine nahtlose Kommunikation zwischen dem React-Renderer-Prozess und dem Electron-Hauptprozess herstellt.

7.1 Einrichten eines React-Electron-Projekts

- 7.1.1 Projektinitialisierung:

- o Benutzen Create-React-App oder Vite, um ein React-Projekt zu booten.
- o Electron als Entwicklungsabhängigkeit installieren.
- o Strukturierung des Projekts für eine optimale Integration (Trennung von Haupt- und Renderer-Code).
- 7.1.2 Konfigurieren package.json:
  - o Hinzufügen von Electron-Startskripten zum Ausführen der Anwendung.
  - o Abhängigkeiten für React und Electron verwalten.
  - o Anpassen von Build-Skripten für die Verpackung.
- 7.1.3 Erstellen des Elektronenhauptprozesses (main.js):
  - o Einrichten des Hauptprozesses zum Erstellen eines BrowserWindow.

- o Laden der Build-Ausgabe der React-Anwendung in die BrowserWindow.
- o Implementierung eines grundlegenden Anwendungslebenszyklusmanagements.
- 7.1.4 React Build-Ausgabe integrieren:
  - o Verstehen, wie die Build-Ausgabe von React (HTML, CSS, JavaScript) in Electron geladen wird.
  - o Konfigurieren von Electron für die Bereitstellung der React-Anwendung aus dem Build-Ordner.
  - o Verwendung von Entwicklungsservern beim Debuggen.
- 7.1.5 Entwicklungsworkflow:
  - o Einrichten einer Entwicklungsumgebung, die eine gleichzeitige React- und Electron-Entwicklung ermöglicht.

- Mit Tools wie gleichzeitig o.ä. zur Verwaltung mehrerer Prozesse.
- Überlegungen zum Hot-Reloading.

7.2 Verwendung von Reaktionskomponenten im Elektron

- 7.2.1 React-Komponenten einbetten:
  - Rendern von React-Komponenten innerhalb der BrowserWindow.
  - Strukturierung der React-Anwendung, um sie an die Desktop-Umgebung anzupassen.
  - Überlegungen zu Desktop-UI/UX-Unterschieden.
- 7.2.2 React-Komponenten für Desktop-Anwendungen gestalten:
  - Anpassen des Stils der React-Komponenten an die Desktop-Umgebung.

- o Verwendung von CSS-Frameworks oder Bibliotheken, die Desktop-spezifische Stile bereitstellen.
- o Umgang mit plattformspezifischen Stilunterschieden.
- 7.2.3 Zustandsverwaltung in einer React-Electron-Anwendung:
  - o Auswahl geeigneter State-Management-Lösungen (z. B. React Hooks, Redux, MobX).
  - o Behandelt den Anwendungsstatus, der zwischen React und Electron geteilt werden muss.
  - o Überlegungen zum Beibehalten des Anwendungsstatus.
- 7.2.4 Nutzung von Elektronen-APIs von React Components:
  - o Best Practices für den Zugriff auf Elektronen-APIs über den Renderer-Prozess.

- ○ Sicherheitsbedenken und wie man sie entschärfen kann.

- ○ Beispiele für die Verwendung von Elektronen-APIs aus Reaktionskomponenten.

7.3 Handhabung der Kommunikation zwischen Reaktion und Elektron

- 7.3.1 Interprozesskommunikation (IPC):
  - ○ Eine detaillierte Übersicht über den IPC-Mechanismus von Electron (ipcMain Und ipcRenderer).
  - ○ Benutzen ipcRenderer.send Und ipcMain.on für asynchrone Kommunikation.
  - ○ Benutzen ipcRenderer.invoke Und ipcMain.handle für die Anfrage-/Antwortkommunikation.
- 7.3.2 Elektronen-APIs für Reaktionen verfügbar machen:

- o Erstellen einer Brücke zwischen React-Komponenten und Electron-APIs.
  - o Implementierung sicherer und effizienter Kommunikationsmuster.
  - o Best Practices zum Schutz des Hauptprozesses.
- 7.3.3 Datenübertragung und Serialisierung:
  - o Handhabung der Datenserialisierung und -deserialisierung zwischen React und Electron.
  - o Auswahl geeigneter Datenformate (z. B. JSON).
  - o Optimierung der Datenübertragung für Leistung.
- 7.3.4 Asynchrone Operationen und Versprechen:
  - o Verwalten asynchroner Vorgänge und Zusagen im Kommunikationsfluss.

- o Umgang mit Fehlern und Bereitstellung von Feedback für den Benutzer.
- o Richtige Fehlerbehandlung.
- 7.3.5 Sicherheitsüberlegungen für IPC:
  - o Kontextisolation und Best Practices für Sicherheit.
  - o Schutz vor Schwachstellen bei der Remotecodeausführung.
  - o Validierung und Bereinigung der über IPC empfangenen Daten.
- 7.3.6 Verwendung von ContextBridge:
  - o Wie contextBridge die Sicherheit verbessert.
  - o Beispiele für die Implementierung von contextBridge.
  - o Wann ist contextBridge zu verwenden?

7.4 Desktop-spezifische Funktionen mit React implementieren

- 7.4.1 Dateisystemintegration:
  - Verwendung von React-Komponenten zur Interaktion mit dem Dateisystem (z. B. Dateidialoge, Dateioperationen).
  - Dateisystemdaten in React-Komponenten anzeigen.
- 7.4.2 Native Benachrichtigungen:
  - Implementierung nativer Benachrichtigungen mithilfe von React-Komponenten.
  - Umgang mit Benachrichtigungsereignissen und Benutzerinteraktionen.
- 7.4.3 Menüs und Kontextmenüs:
  - Erstellen benutzerdefinierter Menüs und Kontextmenüs mithilfe von React-Komponenten.
  - Integration von Menüaktionen in die React-Anwendungslogik.
- 7.4.4 Drag-and-Drop-Funktionalität:

- Implementierung der Drag-and-Drop-Funktionalität mithilfe von React-Komponenten.
- Handhabung von Drag-and-Drop-Ereignissen und Datenübertragung.
- 7.4.5 Anwendungseinstellungen und -präferenzen:
  - Verwenden von React-Komponenten zum Anzeigen und Ändern von Anwendungseinstellungen.
  - Persistente Einstellungen mithilfe von Electron-Store oder ähnlichen Bibliotheken.

7.5 Testen und Debuggen von React-Electron-Anwendungen

- 7.5.1 Unit-Test-Reaktionskomponenten:

- o Verwenden der Jest- und React-Testbibliothek zum Testen von React-Komponenten.
- o Verspottung von Electron-APIs und -Abhängigkeiten.
- 7.5.2 Integrationstest Reaktion und Elektronenkommunikation:
  - o Testen der Interaktion zwischen React-Komponenten und dem IPC-Mechanismus von Electron.
  - o Überprüfung des Datenflusses und der Kommunikationsmuster.
- 7.5.3 End-to-End-Tests:
  - o Automatisierung von Benutzerinteraktionen und Testen von Anwendungsworkflows.
  - o Verwendung von Tools wie Cypress oder Spectron für End-to-End-Tests.
- 7.5.4 Debugging-Techniken:

- Verwendung von Chromium DevTools zum Debuggen von React-Komponenten.
- Debuggen des Electron-Hauptprozesses mit den Debugging-Tools von Node.js.
- Protokollierung und Fehlerberichterstattung.

7.6 Fazit: Leistungsstarke plattformübergreifende Anwendungen erstellen

- Zusammenfassung der wichtigsten Konzepte und Techniken, die in diesem Kapitel behandelt werden.
- Betonung der Vorteile der Kombination von React und Electron für die Erstellung plattformübergreifender Desktop-Anwendungen.
- Ermutigung, fortgeschrittene Integrationstechniken zu erkunden und

innovative Desktop-Erlebnisse zu entwickeln.

Kapitel 8: GUI-Anwendungen mit React und Electron erstellen

Dieses Kapitel konsolidiert das Wissen aus den vorherigen Kapiteln und bietet einen praktischen Leitfaden zum Erstellen vollständiger GUI-Anwendungen mit der kombinierten Leistung von React und Electron. Wir werden durch den Prozess der Entwicklung einer voll funktionsfähigen Anwendung gehen und uns dabei auf effektives Zustandsmanagement, nahtlose Kommunikation zwischen React und Electron und die Implementierung von Desktop-spezifischen Funktionen konzentrieren.

8.1 Planung und Design der GUI-Anwendung

- 8.1.1   Anwendungsanforderungen definieren:
  - Der Zweck, die Funktionen und die Zielgruppe der Anwendung werden klar dargelegt.
  - Identifizieren der notwendigen Desktop-spezifischen Funktionalitäten.
- 8.1.2 Überlegungen zum UI/UX-Design:
  - Entwerfen einer intuitiven und benutzerfreundlichen Oberfläche, die den Desktop-Konventionen entspricht.
  - Erstellen von Wireframes und Mockups zur Visualisierung des Layouts und Ablaufs der Anwendung.
  - Berücksichtigung der plattformübergreifenden Konsistenz der Benutzeroberfläche.
- 8.1.3 Architekturplanung:

- Strukturierung der Anwendung im Hinblick auf Wartbarkeit und Skalierbarkeit.
- Auswahl geeigneter State-Management-Lösungen (React Hooks, Redux, MobX).
- Planung der Kommunikationsarchitektur zwischen React und Electron.

8.2 Einrichten der Projektstruktur

- 8.2.1 Projektinitialisierung:
  - Erstellen eines neuen React-Projekts mit Create-React-App oder Vite.
  - Electron und notwendige Abhängigkeiten installieren.
  - Organisieren des Projektverzeichnisses in separate Ordner für React- und Electron-Code.
- 8.2.2 Konfigurieren package.json:

- Einrichten von Skripten für Entwicklungs- und Produktions-Builds.
- Abhängigkeiten für React und Electron verwalten.
- Angabe des Haupteintrittspunkts für Elektronen.
- 8.2.3 Erstellen des Elektronenhauptprozesses (main.js):
  - Initialisieren der Electron-Anwendung und Erstellen des Hauptfensters.
  - Laden der Build-Ausgabe der React-Anwendung in das Fenster.
  - Implementierung von Ereignis-Listenern für den Anwendungslebenszyklus.
- 8.2.4 React in den Renderer-Prozess integrieren:

- Bestätigen, dass der React-Build korrekt im elektronischen BrowserWindow bereitgestellt wird.
- Bei Bedarf contextBridge einrichten.

8.3 Implementierung der Kernfunktionalität mit React und Electron

- **8.3.1 Erstellen der Benutzeroberfläche mit React-Komponenten:**
  - Entwicklung wiederverwendbarer React-Komponenten für die Benutzeroberfläche der Anwendung.
  - Implementierung dynamischer Datenwiedergabe und Benutzerinteraktionen.
  - Gestalten Sie die Anwendung so, dass sie zum gewünschten Desktop-Erlebnis passt.
- **8.3.2 Anwendungsstatus verwalten:**

- Auswahl und Implementierung einer State-Management-Lösung (React Hooks, Redux, MobX).
- Anwendungsdaten speichern und aktualisieren.
- Anhaltender Zustand, wo nötig.

- 8.3.3 Interprozesskommunikation (IPC):
  - Herstellen der Kommunikation zwischen React-Komponenten und dem Electron-Hauptprozess.
  - Benutzen ipcRenderer.send/ipcMain.on Und ipcRenderer.invoke/ipcMain.handle für asynchrone und Anfrage/Antwort-Kommunikation.
  - Implementierung einer sicheren und effizienten Datenübertragung.

- 8.3.4 Zugriff auf Electron-APIs über React:
  - Offenlegung von Electron-APIs für React-Komponenten über eine sichere Brücke.

- Implementieren von Funktionen für den Dateisystemzugriff, Dialogfeldern und anderen nativen Funktionalitäten.
- Implementierung von contextBridge zur Erhöhung der Sicherheit.

8.4 Umgang mit Desktop-spezifischen Funktionen

- 8.4.1 Dateisystemintegration:
  - Implementierung von Dateidialogen zum Öffnen und Speichern von Dateien.
  - Lesen und Schreiben von Dateien mit dem fs Modul.
  - Dateisystemdaten in React-Komponenten anzeigen.
- 8.4.2 Native Benachrichtigungen:
  - Anzeigen nativer Betriebssystembenachrichtigungen.

- ○ Umgang mit Benachrichtigungsereignissen und Benutzerinteraktionen.
- 8.4.3 Menüs und Kontextmenüs:
  - ○ Anwendungsmenüs und Kontextmenüs erstellen.
  - ○ Hinzufügen benutzerdefinierter Menüelemente und Tastaturkürzel.
  - ○ Integration von Menüaktionen in die React-Anwendungslogik.
- 8.4.4 Drag-and-Drop-Funktionalität:
  - ○ Implementierung der Drag-and-Drop-Unterstützung für Dateien und Daten.
  - ○ Handhabung von Drag-and-Drop-Ereignissen und Datenübertragung.
- 8.4.5 Anwendungseinstellungen und -präferenzen:

- ○ Erstellen einer Einstellungsschnittstelle mithilfe von React-Komponenten.
- ○ Speichern und Abrufen von Einstellungen mit Elektronenspeicher oder eine ähnliche Bibliothek.
- ○ Persistente Einstellungen implementieren.
- 8.4.6 Anwendungsaktualisierungen:
  - ○ Implementierung der Auto-Update-Funktionalität mit Electron-Updater.
  - ○ Erstellen von Benutzerfeedback während Update-Vorgängen.

8.5 Testen und Debuggen der GUI-Anwendung

- 8.5.1 Unit-Test-Reaktionskomponenten:
  - ○ Schreiben von Komponententests für React-Komponenten mithilfe der Jest- und React-Testbibliothek.

- ○ Verspottung von Electron-APIs und -Abhängigkeiten.
- 8.5.2 Integrationstest Reaktion und Elektronenkommunikation:
  - ○ Testen der Interaktion zwischen React-Komponenten und dem Electron-Hauptprozess.
  - ○ Überprüfung des Datenflusses und der IPC-Kommunikation.
- 8.5.3 End-to-End-Tests:
  - ○ Automatisierung von Benutzerinteraktionen und Testen von Anwendungsworkflows.
  - ○ Verwendung von Tools wie Cypress oder Spectron für End-to-End-Tests.
- 8.5.4 Debugging-Techniken:
  - ○ Verwendung von Chromium DevTools zum Debuggen von React-Komponenten.

- ○ Debuggen des Electron-Hauptprozesses mit den Debugging-Tools von Node.js.
- ○ Implementierung von Protokollierung und Fehlerberichten.

8.6 Verpacken und Verteilen der Anwendung

- 8.6.1 Verpackungsoptionen konfigurieren:
  - ○ Benutzen Elektronenbildner oder Elektronenverpacker um die Anwendung zu verpacken.
  - ○ Angeben von Anwendungsmetadaten, Symbolen und Build-Einstellungen.
  - ○ Generieren von Installationsprogrammen für verschiedene Betriebssysteme.
- 8.6.2 Code-Signierung und Beglaubigung:
  - ○ Signieren Sie den Antrag, um seine Authentizität sicherzustellen.

- o Beglaubigung des Antrags für die MacOS-Verteilung.
- 8.6.3 Vertriebsstrategien:
  - o Verteilen der Anwendung über App Stores oder direkte Downloads.
  - o Implementierung automatischer Updates und Versionierung.
  - o Abwicklung der Anwendungsbereitstellung.

8.7 Fazit: Erstellen vollständiger Desktop-Anwendungen

- Zusammenfassung der wichtigsten Schritte beim Erstellen einer GUI-Anwendung mit React und Electron.
- Der Schwerpunkt liegt auf der Leistungsfähigkeit der Kombination dieser Technologien für die plattformübergreifende Entwicklung.

- Ermutigung, fortgeschrittene Techniken zu erforschen und innovative Desktop-Anwendungen zu erstellen.

Teil V: Fortgeschrittene Themen

Kapitel 9: Fortgeschrittene GUI-Designtechniken

Dieses Kapitel befasst sich mit fortgeschrittenen Techniken zum Entwerfen anspruchsvoller und ansprechender grafischer Benutzeroberflächen (GUIs). Wir werden die Anwendung von Designmustern und -prinzipien, die Erstellung benutzerdefinierter GUI-Komponenten und die Integration von Animationen und Grafiken untersuchen, um das Benutzererlebnis und die visuelle Attraktivität zu verbessern.

9.1 Anwenden von Entwurfsmustern und -prinzipien

- 9.1.1 Designmuster verstehen:

- Einführung in gängige GUI-Designmuster (z. B. Model-View-Controller (MVC), Model-View-ViewModel (MVVM), Observer, Singleton).
- Erläutern, wie Entwurfsmuster die Wiederverwendbarkeit, Wartbarkeit und Skalierbarkeit von Code fördern.
- Bereitstellung von Beispielen für die Anwendung von Entwurfsmustern in React- und Electron-Anwendungen.

- 9.1.2 Einhaltung der Benutzeroberflächenprinzipien:
  - Besprechen wesentlicher UI-Prinzipien (z. B. Konsistenz, Klarheit, Feedback, Erschwinglichkeit, Zugänglichkeit).
  - Demonstration, wie diese Prinzipien angewendet werden können, um intuitive und benutzerfreundliche Schnittstellen zu erstellen.

- o Wichtigkeit der Einhaltung plattformspezifischer Designrichtlinien.
- 9.1.3 Responsive Design implementieren:
  - o Entwerfen von GUIs, die sich an unterschiedliche Bildschirmgrößen und Auflösungen anpassen.
  - o Verwenden von CSS-Medienabfragen und flexiblen Layouts, um Reaktionsfähigkeit zu erreichen.
  - o Überlegungen zur Reaktionsfähigkeit von Desktop-Anwendungen.
- 9.1.4 Überlegungen zur Barrierefreiheit:
  - o Entwerfen von GUIs, die für Benutzer mit Behinderungen zugänglich sind.
  - o Implementierung von ARIA-Attributen, Tastaturnavigation und anderen Barrierefreiheitsfunktionen.

○ Testen von GUIs auf Einhaltung der Barrierefreiheit.

9.2 Erstellen benutzerdefinierter GUI-Komponenten

- 9.2.1 Wiederverwendbare Komponenten entwerfen:
    - ○ Identifizieren gemeinsamer UI-Elemente und Erstellen wiederverwendbarer Komponenten.
    - ○ Entwicklung von Komponentenbibliotheken für konsistentes Design und Funktionalität.
    - ○ Verwendung von Komponentenkompositionen und Requisiten zur individuellen Anpassung.
- 9.2.2 Erstellen komplexer benutzerdefinierter Komponenten:

- ○ Erstellen erweiterter UI-Komponenten (z. B. benutzerdefinierte Datenraster, interaktive Diagramme, grafische Editoren).
- ○ Verwenden von Canvas, SVG oder WebGL zum Zeichnen und Rendern benutzerdefinierter Grafiken.
- ○ Umgang mit Benutzerinteraktionen und Datenmanipulation innerhalb benutzerdefinierter Komponenten.
- • 9.2.3 Benutzerdefinierte Komponenten gestalten:
  - ○ Verwenden von CSS-in-JS-Bibliotheken oder CSS-Modulen zum Gestalten benutzerdefinierter Komponenten.
  - ○ Implementierung von Themen- und Anpassungsoptionen.
  - ○ Erstellen konsistenter und optisch ansprechender Komponentenstile.

- 9.2.4 Komponentenleistung optimieren:
  - ○ Auswendiglernen und andere leistungssteigernde Techniken.
  - ○ Virtualisierungstechniken zum Rendern großer Listen oder Tabellen.
  - ○ Profilierung und Optimierung der Komponenten-Rendering-Leistung.

9.3 Verwendung von Animationen und Grafiken

- 9.3.1 Animationen einbinden:
  - ○ Verwenden Sie CSS-Übergänge und Animationen, um reibungslose und ansprechende Benutzererlebnisse zu schaffen.
  - ○ Implementierung von Animationsbibliotheken (z. B. Framer Motion, React Spring) für komplexe Animationen.
  - ○ Animieren von Komponentenübergängen,

Interaktionen und Datenvisualisierungen.

- 9.3.2 Arbeiten mit Grafiken:
  - Verwendung von SVG und Canvas zum Zeichnen und Rendern von Vektor- und Rastergrafiken.
  - Implementierung interaktiver Grafiken und Datenvisualisierungen.
  - Optimierung der Grafikleistung für reibungsloses Rendern.
- 9.3.3 Übergänge implementieren:
  - Erstellen Sie reibungslose Seiten- und Komponentenübergänge.
  - Verwendung von Animationsbibliotheken zur Bewältigung komplexer Übergänge.
- 9.3.4 Nutzung von WebGL:
  - Einführung in WebGL für leistungsstarke 2D- und 3D-Grafiken.

- Implementierung von WebGL-basierten Grafiken in GUI-Anwendungen.
- Leistungsüberlegungen.
- 9.3.5 Leistungsoptimierung für Animationen und Grafiken:
  - Hardwarebeschleunigung.
  - Effizientes Rendering.
  - Reduzierung von Draw Calls.

9.4 Fortgeschrittene Styling-Techniken

- 9.4.1 CSS-in-JS-Lösungen:
  - Erkundung von CSS-in-JS-Bibliotheken (z. B. styled-components, Emotion) für das Styling auf Komponentenebene.
  - Implementierung von dynamischem Styling und Thematisierung.
  - Verwalten von CSS-Abhängigkeiten und Code-Organisation.

- 9.4.2 Thematisierung und Anpassung:
    - Entwerfen von GUIs, die Theming und Benutzeranpassung unterstützen.
    - Implementierung von Themenwechseln und dynamischen Stilaktualisierungen.
    - Bereitstellung von Optionen für Benutzer zur Personalisierung des Erscheinungsbilds der Anwendung.
- 9.4.3 Fortgeschrittene CSS-Techniken:
    - Tiefe Einblicke in Grid und Flexbox.
    - CSS-Variablen.
    - Animationen und Übergänge.

9.5   Implementieren   erweiterter Benutzerinteraktionen

- 9.5.1 Gestenerkennung:
    - Implementierung der Berührungs- und Gestenerkennung für mobile und berührungsempfindliche Geräte.

- o Umgang mit Wisch-, Kneif- und anderen Gestenereignissen.
  - o Mit Gesten interaktive Erlebnisse schaffen.
- 9.5.2 Drag-and-Drop:
  - o Implementierung erweiterter Drag-and-Drop-Funktionalität für komplexe Datenstrukturen.
  - o Umgang mit Drag-and-Drop-Ereignissen, Datenübertragung und visuellem Feedback.
- 9.5.3 Komplexe Formulare umsetzen:
  - o Formularvalidierung und Fehlerbehandlung.
  - o Dynamische Formulargenerierung.
  - o Bedenken hinsichtlich der Barrierefreiheit.

9.6 Leistungsoptimierung und Best Practices

- 9.6.1 Profilierung und Optimierung:
  - Verwendung von Browser-Entwicklertools und Leistungsprofilierungstools.
  - Leistungsengpässe erkennen und optimieren.
  - Implementierung von Code-Splitting und Lazy Loading.
- 9.6.2 Speicherverwaltung:
  - Verhindern Sie Speicherlecks und optimieren Sie die Speichernutzung.
  - Garbage Collection und Ressourcenmanagement.
- 9.6.3 Codeoptimierung und Best Practices:
  - Effizienten und wartbaren Code schreiben.
  - Befolgen Sie Codierungsstandards und Best Practices.
  - Verwendung von Linting- und Code-Analysetools.

9.7 Fazit: Außergewöhnliche Benutzererlebnisse schaffen

- Zusammenfassung fortgeschrittener GUI-Designtechniken und Best Practices.
- Betonung der Bedeutung von benutzerzentriertem Design und Leistungsoptimierung.
- Ermutigung, innovative UI/UX-Muster zu erkunden und außergewöhnliche Benutzererlebnisse zu schaffen.

Kapitel 10: GUI-Anwendungen optimieren

Dieses Kapitel konzentriert sich auf die kritischen Aspekte der Optimierung von GUI-Anwendungen, um sicherzustellen, dass sie leistungsfähig und zuverlässig sind und ein hervorragendes Benutzererlebnis bieten. Wir untersuchen Techniken zur Verbesserung der Leistung, zur eleganten Behandlung von Fehlern und Ausnahmen und zur Implementierung von Strategien zur Verbesserung des gesamten Benutzererlebnisses.

10.1 Leistung optimieren

- 10.1.1 Leistungsprofilierung und -analyse:

- Verwendung von Browser-Entwicklertools (z. B. Registerkarte „Leistung" in Chrome DevTools), um Leistungsengpässe zu identifizieren.
- Profilierung der CPU-Auslastung, des Speicherverbrauchs und der Rendering-Leistung.
- Analysieren Sie Bildraten und identifizieren Sie Störungen oder Verzögerungen.
- Verwendung von für Electron spezifischen Leistungsprofilierungstools.

- 10.1.2 Rendering-Optimierung:
  - Minimierung von DOM-Manipulationen und Reflows.
  - Benutzen requestAnimationFrame für flüssige Animationen.

- ○ Implementierung virtualisierter Listen und Raster für große Datensätze.
- ○ Optimierung von CSS für effizientes Rendering (z. B. Vermeidung teurer Selektoren).
- ○ Gegebenenfalls Hardwarebeschleunigung verwenden.
- ○ WebGL-Optimierung.
- 10.1.3 Speicherverwaltung:
  - ○ Vermeiden von Speicherlecks durch ordnungsgemäße Freigabe von Ressourcen.
  - ○ Garbage Collection effizient nutzen.
  - ○ Optimierung von Bild- und Assetgrößen.
  - ○ Verwalten von Ereignis-Listenern und Abonnements.
- 10.1.4 Codeoptimierung:
  - ○ Effiziente Algorithmen und Datenstrukturen schreiben.

- ○ Minimierung unnötiger Berechnungen und Operationen.
- ○ Verwenden von Code-Splitting und verzögertem Laden, um die anfänglichen Ladezeiten zu verkürzen.
- ○ Auswendiglernen und Zwischenspeichern.
- ○ Webpack oder andere Bundler-Optimierung.
- 10.1.5 Netzwerkoptimierung (falls zutreffend):
  - ○ Optimierung von Netzwerkanfragen und Datenübertragung.
  - ○ Verwendung von Caching- und Komprimierungstechniken.
  - ○ Implementierung effizienter Datenabrufstrategien.
  - ○ Minimierung von Netzwerkanrufen.
- 10.1.6 Elektronenspezifische Optimierungen:

- Optimierung der Kommunikation zwischen Prozessen.
- Verwalten des Hauptprozessspeichers und der CPU-Auslastung.
- Effiziente Nutzung von Elektronen-APIs.

10.2 Umgang mit Fehlern und Ausnahmen

- 10.2.1 Implementierung einer robusten Fehlerbehandlung:
  - Benutzen versuchen...fangen Blöcke, um Ausnahmen ordnungsgemäß zu behandeln.
  - Bereitstellung informativer Fehlermeldungen für den Benutzer.
  - Protokollieren von Fehlern zum Debuggen und Überwachen.
- 10.2.2 Graceful Degradation:

- Entwerfen Sie die Anwendung so, dass unerwartete Fehler oder Ausfälle ordnungsgemäß behandelt werden.
- Bereitstellung von Fallback-Mechanismen für kritische Funktionen.
- Sicherstellen, dass die Anwendung auch im Fehlerzustand nutzbar bleibt.
- 10.2.3 Ausnahmeberichterstattung und -protokollierung:
  - Implementierung einer zentralen Fehlerprotokollierung und -berichterstattung.
  - Verwendung von Tools wie Sentry oder ähnlichem zur Fehlerverfolgung.
  - Bereitstellung detaillierter Fehlerberichte zum Debuggen.
- 10.2.4 Behandlung nicht abgefangener Ausnahmen:
  - Behandlung nicht abgefangener Ausnahmen sowohl im Haupt- als

auch im Renderer-Prozess in Electron.

- ○ Anwendungsabstürze verhindern.
- ○ Bereitstellung von Benutzerfeedback.
- 10.2.5 Eingabevalidierung:
  - ○ Validierung von Benutzereingaben, um unerwartete Fehler zu verhindern.
  - ○ Bereitstellung klarer und prägnanter Fehlermeldungen für ungültige Eingaben.

10.3 Verbesserung der Benutzererfahrung (UX)

- 10.3.1 Entwerfen für Benutzerfeedback:
  - ○ Bereitstellung von visuellem und akustischem Feedback für Benutzeraktionen.
  - ○ Verwendung von Ladeindikatoren und Fortschrittsbalken für lang andauernde Vorgänge.

- o Implementierung von Animationen und Übergängen zur Verbesserung der Benutzereinbindung.
- 10.3.2 Barrierefreiheitsfunktionen implementieren:
  - o Entwerfen von GUIs, die für Benutzer mit Behinderungen zugänglich sind.
  - o Implementierung von ARIA-Attributen, Tastaturnavigation und Unterstützung für Bildschirmleseprogramme.
  - o Sicherstellen, dass die Anwendung den Barrierefreiheitsstandards entspricht (z. B. WCAG).
- 10.3.3 Bereitstellung einer klaren und präzisen Dokumentation:
  - o Erstellen von Benutzerhandbüchern und Hilfedokumentationen.
  - o Bereitstellung von In-App-Tooltips und Hinweisen.

- ○ Implementierung interaktiver Tutorials und Onboarding-Erlebnisse.
- 10.3.4 Lokalisierung und Internationalisierung (i18n):
  - ○ Entwerfen der Anwendung für Lokalisierung und Internationalisierung.
  - ○ Unterstützung mehrerer Sprachen und kultureller Konventionen.
  - ○ Bereitstellung von Optionen für Benutzer zum Anpassen von Sprach- und Regionaleinstellungen.
- 10.3.5 Benutzertests und Feedback:
  - ○ Durchführung von Benutzertests, um Feedback zur Benutzerfreundlichkeit der Anwendung zu sammeln.
  - ○ Analysieren Sie das Feedback der Benutzer und führen Sie auf der Grundlage der Erkenntnisse Verbesserungen durch.

- o Iterativer Designprozess.
- 10.3.6 Plattformübergreifende Konsistenz:
  - o Schaffung einer konsistenten Benutzererfahrung über verschiedene Betriebssysteme hinweg.
  - o Anpassen von UI-Elementen und Interaktionen an plattformspezifische Konventionen.
  - o Testen der Anwendung auf mehreren Plattformen.
- 10.3.7 Tastaturkürzel und Navigation:
  - o Tastaturkürzel implementieren.
  - o Gewährleistung einer reibungslosen Tastaturnavigation.

10.4 Überwachung und Analyse

- 10.4.1 Anwendungsüberwachung implementieren:
  - o Verfolgen Sie Anwendungsleistung und Nutzungsmetriken.

- ○ Überwachung von Fehlerraten und Systemressourcennutzung.
- ○ Sammeln von Daten über Benutzerverhalten und Interaktionen.
- 10.4.2 Verwendung von Analysetools:
  - ○ Integration von Analysetools (z. B. Google Analytics, Amplitude) zur Verfolgung des Nutzerverhaltens.
  - ○ Analysieren Sie Benutzerdaten, um Bereiche mit Verbesserungspotenzial zu identifizieren.
  - ○ Elektronenspezifische Analytik.
- 10.4.3 Leistungsüberwachungstools:
  - ○ Einsatz von Tools zur Leistungsüberwachung, um Probleme in Echtzeit zu erkennen.
  - ○ Einrichten von Warnungen für Leistungseinbußen.

10.5 Fazit: Erstellen hochwertiger GUI-Anwendungen

- Zusammenfassung der Optimierungstechniken, Fehlerbehandlungsstrategien und UX-Best Practices.
- Betonung der Bedeutung kontinuierlicher Verbesserung und Benutzerfeedback.
- Ermutigung zur Entwicklung hochwertiger GUI-Anwendungen, die außergewöhnliche Benutzererlebnisse bieten.

Teil VI: Best Practices und Bereitstellung

Kapitel 11: Best Practices für das GUI-Design

Der Schwerpunkt dieses Kapitels liegt auf der Etablierung und Stärkung von Best Practices für die Gestaltung effektiver, zugänglicher und wartbarer grafischer Benutzeroberflächen (GUIs). Wir behandeln wesentliche Designprinzipien, Überlegungen zur Barrierefreiheit sowie robuste Test- und Debugging-Strategien, um die Erstellung hochwertiger GUI-Anwendungen sicherzustellen.

11.1 Befolgen von Designprinzipien und -richtlinien

- 11.1.1 Grundlegende Designprinzipien verstehen:

- Konsistenz: Wahrung der Einheitlichkeit der UI-Elemente, Interaktionen und des visuellen Stils.
- Klarheit: Sicherstellen, dass Elemente und Informationen der Benutzeroberfläche leicht verständlich sind.
- Feedback: Bereitstellung eines klaren und unmittelbaren Feedbacks für Benutzeraktionen.
- Erschwinglichkeit: Entwerfen von UI-Elementen, um deren Funktionalität hervorzuheben.
- Einfachheit: Vermeidung unnötiger Komplexität und Unordnung.
- Hierarchie: Erstellen einer klaren visuellen Hierarchie, um die Aufmerksamkeit des Benutzers zu lenken.

- Barrierefreiheit: Entwerfen für Benutzer mit unterschiedlichen Bedürfnissen und Fähigkeiten.
- 11.1.2 Einhaltung plattformspezifischer Richtlinien:
  - Verständnis und Umsetzung plattformspezifischer Designrichtlinien (z. B. macOS Human Interface Guidelines, Windows Fluent Design System).
  - Anpassen von UI-Elementen und Interaktionen, um sie an das native Erscheinungsbild jeder Plattform anzupassen.
  - Gewährleistung der plattformübergreifenden Konsistenz, sofern erforderlich, und plattformspezifischer Unterschiede, sofern erforderlich.
- 11.1.3 Nutzung von Designsystemen:

- Implementierung und Wartung von Designsystemen, um Konsistenz und Effizienz sicherzustellen.
- Verwendung von Komponentenbibliotheken und Styleguides zur Rationalisierung der Entwicklung.
- Förderung der Zusammenarbeit zwischen Designern und Entwicklern.

- **11.1.4 Responsive Design-Praktiken:**
  - Entwerfen von GUIs, die sich an unterschiedliche Bildschirmgrößen und Auflösungen anpassen.
  - Verwendung flexibler Layouts und Medienabfragen für eine optimale Anzeige auf verschiedenen Geräten.
  - Testen von GUIs auf verschiedenen Bildschirmgrößen und Seitenverhältnissen.

- **11.1.5 Benutzerzentriertes Design:**

- Die Bedürfnisse des Benutzers in den Vordergrund des Designprozesses stellen.
- Durchführung von Benutzerrecherchen und Sammeln von Feedback, um Designentscheidungen zu treffen.
- Iterieren von Designs basierend auf Benutzerfeedback und Tests.

11.2 Verwendung von Barrierefreiheitsfunktionen

- 11.2.1 ARIA-Attribute implementieren:
  - Verwendung von ARIA-Attributen zur Bereitstellung semantischer Informationen für unterstützende Technologien.
  - Sicherstellen, dass UI-Elemente ordnungsgemäß beschriftet und für Bildschirmleser zugänglich sind.

- ○ Verwalten von Fokus und Tastaturnavigation mit ARIA.
- 11.2.2 Sicherstellen der Barrierefreiheit der Tastatur:
  - ○ Implementierung der Tastaturnavigation für alle interaktiven UI-Elemente.
  - ○ Bereitstellung klarer visueller Hinweise für den Tastaturfokus.
  - ○ Umgang mit Tastaturkürzeln und Zugriffstasten.
- 11.2.3 Entwerfen für Sehbehinderungen:
  - ○ Ausreichenden Farbkontrast verwenden und farbabhängige Informationen vermeiden.
  - ○ Bereitstellung von Textalternativen für Bilder und Nicht-Text-Inhalte.
  - ○ Unterstützt kontrastreiche Modi und die Größenänderung von Schriftarten.

- 11.2.4 Entwerfen für motorische Beeinträchtigungen:
  - Bereitstellung großer und leicht anklickbarer UI-Elemente.
  - Unterstützung alternativer Eingabemethoden (z. B. Sprachsteuerung, Geräte wechseln).
  - Minimierung der Notwendigkeit präziser Mausbewegungen.
- 11.2.5 Einhaltung von Barrierefreiheitsstandards:
  - Einhaltung von Barrierefreiheitsstandards und -richtlinien (z. B. WCAG, Abschnitt 508).
  - Durchführung von Zugänglichkeitsprüfungen und -tests.
  - Tools zum Testen der Barrierefreiheit.

11.3 Testen und Debuggen von GUI-Anwendungen

- 11.3.1 Unit-Tests:
  - Schreiben von Unit-Tests für einzelne UI-Komponenten und -Funktionen.
  - Verwendung von Test-Frameworks (z. B. Jest, React Testing Library), um die Funktionalität der Komponenten sicherzustellen.
  - Abhängigkeiten verspotten und Komponenten zum Testen isolieren.
- 11.3.2 Integrationstests:
  - Testen der Interaktion zwischen verschiedenen UI-Komponenten und Modulen.
  - Überprüfung des Datenflusses und der Statusverwaltung.
  - Simulieren von Benutzerinteraktionen und Testen von Anwendungsworkflows.
- 11.3.3 End-to-End (E2E)-Tests:

- o Automatisieren Sie Benutzerinteraktionen und testen Sie den gesamten Anwendungsfluss.
- o Verwendung von Testtools (z. B. Cypress, Selenium) zur Simulation des Benutzerverhaltens.
- o Testen der Anwendung auf verschiedenen Plattformen und Browsern.
- 11.3.4 Visueller Regressionstest:
  - o Verwenden von Tools zum Erkennen unbeabsichtigter visueller Änderungen in der Benutzeroberfläche.
  - o Erstellen Sie Screenshots von UI-Komponenten und vergleichen Sie diese mit Basisbildern.
  - o Gewährleistung eines einheitlichen visuellen Erscheinungsbilds auf verschiedenen Plattformen und Browsern.

- 11.3.5 Debugging-Techniken:
    - Verwenden von Browser-Entwicklertools zum Überprüfen von Elementen, Debuggen von JavaScript und Profilieren der Leistung.
    - Implementierung von Protokollierung und Fehlerberichten.
    - Debuggen von Electron-Hauptprozessproblemen.
- 11.3.6 Benutzerakzeptanztest (UAT):
    - Einbindung der Endnutzer in den Testprozess.
    - Sammeln von Feedback zur Benutzerfreundlichkeit und Funktionalität der Anwendung.
    - Iterieren von Designs basierend auf Benutzerfeedback.
- 11.3.7 Leistungstests:
    - Messen der Leistung der GUI-Anwendung.

- ○ Tools zur Leistungsmessung.
- ○ Leistungsengpässe finden und beheben.

11.4 Dokumentation und Styleguides

- 11.4.1 Styleguides erstellen:
  - ○ Dokumentieren des visuellen Stils der Anwendung, einschließlich Farben, Schriftarten und Abstände.
  - ○ Bereitstellung von Richtlinien für die Komponentennutzung und Interaktionsmuster.
  - ○ Gewährleistung der Konsistenz in der gesamten Anwendung.
- 11.4.2 Verfassen einer klaren Dokumentation:
  - ○ Erstellen von Benutzerhandbüchern und Hilfedokumentationen.
  - ○ Bereitstellung von In-App-Tooltips und Hinweisen.

- ○ Implementierung interaktiver Tutorials und Onboarding-Erlebnisse.

11.5 Fazit: Erstellen hochwertiger und zugänglicher GUIs

- Zusammenfassung der Best Practices für GUI-Design, Barrierefreiheit, Tests und Dokumentation.
- Betonung der Bedeutung von benutzerzentriertem Design und kontinuierlicher Verbesserung.
- Ermutigung, diese Best Practices zu übernehmen, um hochwertige und zugängliche GUI-Anwendungen zu erstellen.

Kapitel 12: Bereitstellen von GUI-Anwendungen

Dieses Kapitel konzentriert sich auf die entscheidende Phase der Bereitstellung von GUI-Anwendungen auf verschiedenen Plattformen und stellt sicher, dass sie die beabsichtigten Benutzer auf nahtlose und effiziente Weise erreichen. Wir behandeln den Erstellungs- und Verpackungsprozess, plattformspezifische Bereitstellungsstrategien und die wesentlichen Aspekte der Handhabung von Updates und Wartung.

12.1 Erstellen und Verpacken von GUI-Anwendungen

- 12.1.1 Vorbereitung für den Einsatz:

- o Optimierung der Anwendungsleistung und Minimierung der Dateigröße.
- o Sicherstellen, dass die Anwendung gründlich getestet und frei von kritischen Fehlern ist.
- o Konfigurieren von Anwendungseinstellungen für Produktionsumgebungen.
- 12.1.2 Erstellen der Anwendung:
  - o Kompilieren und Bündeln des Codes und der Assets der Anwendung.
  - o Verwendung von Build-Tools (z. B. Webpack, Parcel) zur Optimierung und Minimierung des Codes.
  - o Generieren produktionsbereiter Build-Artefakte.
- 12.1.3 Verpacken der Anwendung:
  - o Auswahl des geeigneten Verpackungswerkzeugs (z. B.

Elektronenbildner,
Elektronenverpacker).

- ○ Konfigurieren von Paketierungsoptionen für verschiedene Plattformen (z. B. Installationsprogramme, ausführbare Dateien, App-Bundles).
- ○ Einbeziehung notwendiger Abhängigkeiten und Ressourcen in das Paket.
- 12.1.4 Code-Signierung und Beglaubigung:
  - ○ Signieren Sie den Antrag, um seine Authentizität und Integrität sicherzustellen.
  - ○ Beglaubigung der Anwendung für die macOS-Verteilung zur Einhaltung der Sicherheitsanforderungen.
  - ○ Verstehen der Bedeutung der Codesignatur für Windows und Linux.

- 12.1.5 Installationsprogramme und Distributionen erstellen:
  - Generieren von Installationsprogrammen für Windows (z. B. MSI, NSIS).
  - Erstellen von App-Bundles für macOS (z. B. DMG, PKG).
  - Packen von Anwendungen für Linux (z. B. AppImage, Snap, DEB, RPM).
  - Verteilen von Anwendungen über App Stores oder direkte Downloads.

12.2 Bereitstellung auf verschiedenen Plattformen

- 12.2.1 Windows-Bereitstellung:
  - Erstellen von MSI- oder NSIS-Installationsprogrammen für die Windows-Distribution.
  - Codesignatur von Windows-Installationsprogrammen und ausführbaren Dateien.

- Verteilen von Anwendungen über den Microsoft Store oder direkte Downloads.
- Umgang mit Windows-spezifischen Installations- und Deinstallationsprozessen.

- 12.2.2 macOS-Bereitstellung:
  - Erstellen von DMG- oder PKG-App-Bundles für die macOS-Verteilung.
  - Beglaubigung von macOS-Anwendungen zur Einhaltung der Sicherheitsanforderungen von Apple.
  - Verteilen von Anwendungen über den Mac App Store oder direkte Downloads.
  - Umgang mit macOS-spezifischen Installations- und Updatemechanismen.

- 12.2.3 Linux-Bereitstellung:

- ○ Verpacken von Anwendungen für verschiedene Linux-Distributionen (z. B. AppImage, Snap, DEB, RPM).
- ○ Verteilen von Anwendungen über Linux-Repositorys oder direkte Downloads.
- ○ Gewährleistung der Kompatibilität mit verschiedenen Linux-Desktop-Umgebungen.
- 12.2.4 Web-Bereitstellung (falls zutreffend):
  - ○ Bereitstellung webbasierter GUI-Anwendungen auf Webservern oder Cloud-Plattformen.
  - ○ Nutzung von Hosting-Diensten (z. B. Netlify, Vercel) für eine einfache Bereitstellung.
  - ○ Konfigurieren von Domänennamen und SSL-Zertifikaten.
- 12.2.5 Plattformübergreifende Überlegungen:

- Umgang mit plattformspezifischen Funktionen und Unterschieden.
- Testen von Anwendungen auf allen Zielplattformen.
- Schaffung einer konsistenten Benutzererfahrung.

12.3 Umgang mit Updates und Wartung

- **12.3.1 Automatische Updates implementieren:**
  - Benutzen Elektronen-Updater oder ähnliche Bibliotheken zur Implementierung automatischer Anwendungsaktualisierungen.
  - Bereitstellung von Benutzerfeedback während des Aktualisierungsprozesses.
  - Umgang mit Update-Fehlern und Rollback-Mechanismen.

- 12.3.2 Versionierung und Release-Management:
  - Implementierung eines Versionierungsschemas (z. B. semantische Versionierung).
  - Verwalten von Anwendungsversionen und -aktualisierungen.
  - Bereitstellung von Versionshinweisen und Änderungsprotokollen.
- 12.3.3 Überwachung und Protokollierung:
  - Implementierung einer Anwendungsüberwachung zur Verfolgung von Leistung und Nutzung.
  - Protokollieren von Fehlern und Ausnahmen zum Debuggen und zur Fehlerbehebung.
  - Verwendung von Analysetools zur Erfassung von Benutzerdaten und zur Verbesserung der Anwendung.
- 12.3.4 Bereitstellung von Benutzersupport:

- Erstellen von Benutzerhandbüchern und Hilfedokumentationen.
- Implementierung von In-App-Supportfunktionen (z. B. Chat, Feedback-Formulare).
- Bereitstellung einer schnellen und effektiven Benutzerunterstützung.

- 12.3.5 Wartung und Fehlerbehebungen:
  - Implementierung eines Wartungsplans für Fehlerbehebungen und Funktionsaktualisierungen.
  - Priorisierung von Fehlerbehebungen basierend auf Schweregrad und Benutzerauswirkung.
  - Mitteilung von Aktualisierungen und Fehlerbehebungen an Benutzer.

- 12.3.6 Sicherheitsupdates:
  - Implementierung einer Sicherheitsstrategie.
  - Rechtzeitige Bereitstellung von Sicherheitsupdates.

- Mitteilung von Sicherheitslücken an Benutzer.

12.4 Kontinuierliche Integration und kontinuierliche Bereitstellung (CI/CD)

- 12.4.1 Einrichten von CI/CD-Pipelines:
    - Automatisierung des Build-, Test- und Bereitstellungsprozesses.
    - Verwendung von CI/CD-Tools (z. B. Jenkins, GitLab CI, GitHub Actions) zur Rationalisierung der Entwicklung.
    - Implementierung automatisierter Tests und Codeanalysen.
- 12.4.2 Automatisierte Tests und Bereitstellung:
    - Implementierung automatisierter Unit-, Integrations- und End-to-End-Tests.

- Automatisieren Sie die Bereitstellung neuer Releases auf verschiedenen Plattformen.
- Implementierung von Rollback-Mechanismen für fehlgeschlagene Bereitstellungen.

- 12.4.3 Versionskontroll- und Verzweigungsstrategien:
  - Verwendung von Versionskontrollsystemen (z. B. Git) zur Verwaltung von Codeänderungen.
  - Implementierung von Verzweigungsstrategien (z. B. Gitflow) für die Entwicklung und das Release-Management.
  - Verwendung von Pull-Requests und Code-Reviews für die Zusammenarbeit.

12.5 Fazit: Bereitstellung hochwertiger GUI-Anwendungen

- Zusammenfassung der Bereitstellungsstrategien, Aktualisierungsmechanismen und Wartungspraktiken.
- Betonung der Bedeutung von Automatisierung und kontinuierlicher Verbesserung.
- Ermutigung zur Übernahme von Best Practices für die Bereitstellung hochwertiger GUI-Anwendungen für Benutzer.

Teil VII: Anwendungen in der Praxis

Kapitel 13: Erstellen einer realen GUI-Anwendung

Dieses Kapitel dient als Höhepunkt der im Laufe des Buches erworbenen Kenntnisse und Fähigkeiten und führt Sie durch den Prozess der Erstellung einer komplexen, realen GUI-Anwendung. Wir konzentrieren uns auf die praktische Anwendung, integrieren reale Daten und APIs und gehen auf die Herausforderungen ein, die sich bei der Entwicklung auf Produktionsebene ergeben.

13.1 Definieren der realen Anwendung

- 13.1.1   Anwendungskonzept   und Anwendungsbereich:

- o Definieren des Zwecks, der Zielgruppe und der Kernfunktionen der Anwendung.
- o Festlegung klarer Projektziele und Spielräume zur Bewältigung der Komplexität.
- o Auswahl eines Projekts, das mehrere GUI-Konzepte umfasst.
- 13.1.2 Funktionsplanung und Priorisierung:
  - o Identifizieren und Priorisieren wichtiger Funktionen basierend auf Benutzerbedürfnissen und Geschäftsanforderungen.
  - o Komplexe Funktionen in überschaubare Aufgaben aufteilen.
  - o Planung für zukünftige Skalierbarkeit und Erweiterbarkeit.
- 13.1.3 Auswahl des Technologie-Stacks:
  - o Auswahl der geeigneten Technologien für die Anwendung (React, Electron, State Management usw.).

- ○ Unter Berücksichtigung von Leistung, Wartbarkeit und Entwicklungsgeschwindigkeit.
- ○ Begründung der gewählten Tools und Frameworks.

13.2 Entwerfen der Anwendungsarchitektur

- • 13.2.1 Anwendungsstruktur und Modularisierung:
  - ○ Organisation der Anwendung in modulare Komponenten und Module.
  - ○ Implementierung einer klaren und konsistenten Projektstruktur.
  - ○ Förderung der Wiederverwendbarkeit und Wartbarkeit von Code.
- • 13.2.2 Staatsmanagementstrategie:
  - ○ Implementierung einer robusten Zustandsverwaltungslösung (Redux, MobX oder Context API).

- ○ Entwerfen einer klaren Statusstruktur und eines klaren Datenflusses.
- ○ Anwendungsstatus effektiv verwalten.
- 13.2.3 API-Integration und Datenverarbeitung:
  - ○ Entwerfen der Datenzugriffsschicht für die Interaktion mit realen APIs.
  - ○ Implementieren von Datenabruf, Caching und Fehlerbehandlung.
  - ○ Strukturieren und Transformieren von API-Daten zur Verwendung in der Anwendung.
- 13.2.4 Inter-Process Communication (IPC) Design (Elektron):
  - ○ Planung effizienter und sicherer IPC-Mechanismen.
  - ○ Entwerfen klarer Nachrichtenprotokolle und Datenserialisierung.
  - ○ Implementierung von contextBridge nach Bedarf.

13.3 Implementierung der Benutzeroberfläche

- 13.3.1 Erstellen wiederverwendbarer UI-Komponenten:
  - Erstellen einer Bibliothek wiederverwendbarer UI-Komponenten.
  - Implementierung von Komponenten-Styling und -Design.
  - Gewährleistung der Zugänglichkeit und Reaktionsfähigkeit der Komponenten.
- 13.3.2 Entwerfen komplexer UI-Interaktionen:
  - Implementierung erweiterter UI-Interaktionen (z. B. Drag-and-Drop, benutzerdefinierte Visualisierungen).
  - Verwendung von Animationen und Übergängen zur Verbesserung des Benutzererlebnisses.

- o Umgang mit komplexen Benutzereingaben und Dateninteraktionen.
- 13.3.3 Integration realer Daten und Visualisierungen:
  - o Darstellung realer Daten auf aussagekräftige und benutzerfreundliche Weise.
  - o Implementierung von Datenvisualisierungen (z. B. Diagramme, Grafiken, Karten).
  - o Umgang mit Datenaktualisierungen und Echtzeit-Datenströmen.
- 13.3.4 Desktop-spezifische Überlegungen zur Benutzeroberfläche (Electron):
  - o Implementieren von Menüs und Taskleistensymbolen.
  - o Desktop-Benachrichtigungen implementieren.
  - o Umgang mit Dateisysteminteraktionen.

13.4 Integration realer Daten und APIs

- 13.4.1 API-Integration und Authentifizierung:
    - Integration mit realen APIs (z. B. REST, GraphQL).
    - Implementierung von Authentifizierungs- und Autorisierungsmechanismen.
    - Umgang mit API-Ratenbegrenzung und Fehlerantworten.
- 13.4.2 Datenabruf und Zwischenspeicherung:
    - Implementierung effizienter Datenabrufstrategien.
    - Verwendung von Caching-Mechanismen zur Verbesserung der Leistung.
    - Abwicklung der Datensynchronisierung und -aktualisierung.
- 13.4.3 Datenverarbeitung in Echtzeit:

- ○ Integration mit Echtzeit-Datenquellen (z. B. WebSockets, vom Server gesendete Ereignisse).
- ○ Anzeigen und Aktualisieren von Echtzeitdaten in der Benutzeroberfläche.
- ○ Verwaltung von Echtzeit-Datenströmen und Fehlerbehandlung.
- 13.4.4 Datentransformation und -verarbeitung:
  - ○ API-Daten zur Verwendung in der Anwendung umwandeln und verarbeiten.
  - ○ Implementierung der Datenvalidierung und -bereinigung.
  - ○ Umgang mit großen Datensätzen und komplexen Datenstrukturen.

13.5 Umgang mit realen Herausforderungen

- 13.5.1 Leistungsoptimierung:
  - Profilierung und Optimierung der Anwendungsleistung.
  - Implementierung von Techniken für effizientes Rendering und Datenverarbeitung.
  - Behebung von Speicherlecks und Leistungsengpässen.
- 13.5.2 Fehlerbehandlung und Ausnahmemanagement:
  - Implementierung robuster Fehlerbehandlungsmechanismen.
  - Bereitstellung informativer Fehlermeldungen und Benutzerfeedback.
  - Anwendungsfehler protokollieren und überwachen.
- 13.5.3 Sicherheitsaspekte:
  - Implementierung bewährter Sicherheitspraktiken für die Datenspeicherung und -übertragung.

- o Schutz vor häufigen Sicherheitslücken.
- o Sichere Handhabung der Benutzerauthentifizierung und -autorisierung.
- 13.5.4 Plattformübergreifende Kompatibilität (Electron):
  - o Testen der Anwendung auf mehreren Plattformen.
  - o Beheben plattformspezifischer Probleme und Inkonsistenzen.
  - o Gewährleistung einer konsistenten Benutzererfahrung.
- 13.5.5 Bereitstellung und Wartung:
  - o Verpacken und Bereitstellen der Anwendung in Produktionsumgebungen.
  - o Implementierung automatischer Updates und Versionierung.
  - o Bereitstellung laufender Wartung und Support.

- 13.5.6 Skalierbarkeit und Wartbarkeit:
  - Entwerfen der Anwendung für Skalierbarkeit und zukünftiges Wachstum.
  - Implementierung von Codierungsstandards und Best Practices.
  - Dokumentation der Anwendungsarchitektur und des Codes.

13.6 Testen und Debuggen

- 13.6.1 Unit-, Integrations- und E2E-Tests:
  - Implementierung einer umfassenden Teststrategie.
  - Schreibeinheit, Integration und End-to-End-Tests.
  - Verwendung von Test-Frameworks und -Tools.
- 13.6.2 Debugging und Fehlerbehebung:

- o Verwendung von Debugging-Tools und -Techniken.
- o Beheben komplexer Probleme und Leistungsprobleme.
- o Implementierung von Protokollierung und Fehlerberichten.
- 13.6.3 Benutzerakzeptanztest (UAT):
  - o Durchführung von Benutzerakzeptanztests, um Feedback zu sammeln.
  - o Iterieren der Anwendung basierend auf Benutzerfeedback.

13.7 Fazit: Aufbau einer robusten realen Anwendung

- Zusammenfassung der wichtigsten Schritte beim Erstellen einer realen GUI-Anwendung.
- Betonung der Bedeutung von Planung, Design und Tests.

- Ermutigung, die erlernten Fähigkeiten anzuwenden, um innovative und wirkungsvolle Anwendungen zu entwickeln.

Kapitel 14: Fallstudien erfolgreicher GUI-Anwendungen

Dieses Kapitel befasst sich mit der Analyse erfolgreicher GUI-Anwendungen, der Analyse ihrer Designentscheidungen, dem Verständnis der getroffenen Kompromisse und der Gewinnung wertvoller Erkenntnisse, die auf zukünftige Projekte angewendet werden können. Durch die Untersuchung von Beispielen aus der Praxis gewinnen wir Einblicke in die Faktoren, die zu einer überzeugenden und effektiven Benutzererfahrung beitragen.

14.1 Auswahl und Analyse von Fallstudien

- 14.1.1 Kriterien für die Auswahl erfolgreicher Bewerbungen:

- Definieren von Kriterien für „Erfolg" (z. B. Benutzerakzeptanz, kritischer Beifall, geschäftliche Auswirkungen).
- Identifizieren von Anwendungen in verschiedenen Bereichen (z. B. Produktivität, Kreativität, Kommunikation).
- Auswahl von Anwendungen mit unterschiedlichen Designphilosophien und Technologie-Stacks.

- 14.1.2 Durchführung einer eingehenden Analyse:
  - Untersuchen der Benutzeroberfläche, der Interaktionsmuster und des visuellen Designs der Anwendung.
  - Analysieren der Architektur, Leistung und Barrierefreiheitsfunktionen der Anwendung.

- ○ Bewerten der Auswirkungen der Anwendung auf Benutzerworkflows und Produktivität.
- • 14.1.3 Identifizieren wichtiger Designentscheidungen:
    - ○ Ermittlung spezifischer Designentscheidungen, die zum Erfolg der Anwendung beigetragen haben.
    - ○ Verstehen der Gründe für diese Entscheidungen und ihrer Auswirkungen auf die Benutzererfahrung.
    - ○ Identifizieren von Mustern und wiederkehrenden Designprinzipien in erfolgreichen Anwendungen.

14.2 Designentscheidungen und Kompromisse verstehen

- 14.2.1 Balance zwischen Funktionalität und Einfachheit:
  - Analysieren Sie, wie erfolgreiche Anwendungen komplexe Funktionen verwalten und gleichzeitig eine benutzerfreundliche Oberfläche beibehalten.
  - Diskussion der Kompromisse zwischen Funktionsreichtum und Benutzerfreundlichkeit.
  - Untersuchung von Strategien für progressive Offenlegung und Benutzer-Onboarding.
- 14.2.2 Optimierung von Leistung und Ressourcennutzung:
  - Analysieren, wie erfolgreiche Anwendungen auf verschiedenen Plattformen optimale Leistung erzielen.

- ○ Diskussion der Kompromisse zwischen Leistung und visueller Wiedergabetreue.
- ○ Untersuchung von Techniken zur Speicherverwaltung, Rendering-Optimierung und Datenverarbeitung.
- 14.2.3 Gestaltung für Zugänglichkeit und Inklusivität:
  - ○ Analysieren, wie erfolgreiche Anwendungen auf Benutzer mit unterschiedlichen Bedürfnissen und Fähigkeiten eingehen.
  - ○ Diskussion der Kompromisse zwischen Barrierefreiheitsfunktionen und Designästhetik.
  - ○ Untersuchen von Strategien zur Implementierung von ARIA-Attributen, Tastaturnavigation und alternativen Eingabemethoden.

- 14.2.4 Anpassung an plattformspezifische Konventionen:
  - Analysieren, wie sich erfolgreiche Anwendungen an plattformspezifische Designrichtlinien und -konventionen anpassen.
  - Diskussion der Kompromisse zwischen plattformübergreifender Konsistenz und nativem Erscheinungsbild.
  - Untersuchen von Strategien zum Umgang mit plattformspezifischen Funktionen und Einschränkungen.
- 14.2.5 Umgang mit realen Daten und APIs:
  - Analysieren Sie, wie erfolgreiche Anwendungen in reale Datenquellen und APIs integriert werden.
  - Diskussion der Kompromisse zwischen Datengenauigkeit, Leistung und Benutzererfahrung.

- Untersuchen von Strategien zum Abrufen, Caching und zur Fehlerbehandlung von Daten.

14.3 Anwenden der gewonnenen Erkenntnisse

- 14.3.1 Identifizieren wiederverwendbarer Entwurfsmuster:
  - Extrahieren gängiger Entwurfsmuster und Best Practices aus erfolgreichen Anwendungen.
  - Anpassung dieser Muster an die spezifischen Anforderungen neuer Projekte.
  - Aufbau eines Repositorys mit wiederverwendbaren Designkomponenten und -mustern.
- 14.3.2 Häufige Fallstricke vermeiden:
  - Identifizieren häufiger Designfehler und Fallstricke, die bei erfolglosen Anwendungen beobachtet wurden.

- ○ Aus diesen Fehlern lernen, um zu vermeiden, dass sie sich in zukünftigen Projekten wiederholen.
- ○ Entwicklung einer Checkliste mit Best Practices zur Sicherstellung der Designqualität.
- 14.3.3 Förderung von Innovation und Experimenten:
  - ○ Ermutigung zum Experimentieren mit neuen Designtechniken und -technologien.
  - ○ Von den innovativen Ansätzen erfolgreicher Anwendungen lernen.
  - ○ Förderung einer Kultur der kontinuierlichen Verbesserung und Design-Iteration.
- 14.3.4 Benutzerzentrierte Designpraktiken:
  - ○ Betonung der Bedeutung von Benutzerrecherche und Feedback im Designprozess.

- Von den nutzerzentrierten Ansätzen erfolgreicher Anwendungen lernen.
  - Implementierung von Benutzertests und iterativen Designmethoden.
- 14.3.5 Aufbau für Skalierbarkeit und Wartbarkeit:
  - Lernen Sie aus den Architekturentscheidungen erfolgreicher Anwendungen, die Skalierbarkeit und Wartbarkeit ermöglichen.
  - Implementierung modularer Entwurfsmuster, robuster Zustandsverwaltung und klarer Codeorganisation.
  - Planung für zukünftiges Wachstum und Funktionserweiterungen.

14.4 Fallstudienbeispiele (anschaulich)

- Fallstudie 1: VS-Code (Code-Editor):

- Analyse der Erweiterbarkeit, Leistung und benutzerkonfigurierbaren Schnittstelle.
- Diskussion der Kompromisse zwischen Komplexität und Individualisierung.
- Lektionen zum Entwerfen eines Tools für ein Power-User-Publikum.

- Fallstudie 2: Figma (Design-Tool):
  - Analyse seiner kollaborativen Funktionen, der Echtzeitbearbeitung und des webbasierten Ansatzes.
  - Diskussion der Kompromisse zwischen webbasierter Funktionalität und nativer Leistung.
  - Lektionen darüber, wie Sie komplexe Designaufgaben kollaborativ gestalten können.

- Fallstudie 3: Spotify (Musik-Streaming):
  - Analyse der benutzerfreundlichen Oberfläche, der

Personalisierungsfunktionen und der plattformübergreifenden Konsistenz.

- ○ Diskussion der Kompromisse zwischen Inhaltsbereitstellung und Benutzererfahrung.
- ○ Lektionen zum Entwerfen einer Rich Media-Anwendung.

14.5 Fazit: Auf dem Erfolg aufbauen

- Zusammenfassung der wichtigsten Erkenntnisse aus der Analyse erfolgreicher GUI-Anwendungen.
- Betonung der Bedeutung des Verständnisses von Designentscheidungen und Kompromissen.
- Ermutigung, diese Lektionen anzuwenden, um innovative und wirkungsvolle GUI-Anwendungen zu erstellen.

Teil VIII: Fazit und zukünftige Richtungen

Kapitel 15: Fortgeschrittene Themen im GUI-Design

In diesem Kapitel werden die neuesten Fortschritte und aufkommenden Trends im GUI-Design untersucht, wobei wir uns auf die Bereiche maschinelles Lernen, erweiterte/virtuelle Realität und die zukünftigen Richtungen der Entwicklung von Benutzeroberflächen wagen. Wir werden uns damit befassen, wie diese Technologien die Landschaft interaktiver Erlebnisse verändern.

15.1 Verwendung von maschinellem Lernen und KI im GUI-Design

- 15.1.1 Personalisierte Benutzererlebnisse:
  - Implementierung von Algorithmen für maschinelles Lernen zur Analyse

von Benutzerverhalten und -präferenzen.

- ○ Dynamische Anpassung von GUI-Elementen und Inhalten basierend auf individuellen Benutzerprofilen.

- ○ Verwendung von Empfehlungssystemen, um relevante Funktionen und Inhalte vorzuschlagen.

- 15.1.2 Intelligente Automatisierung:

  - ○ Integration von KI-gestützter Automatisierung zur Optimierung von Benutzerabläufen.

  - ○ Implementierung von Textvorhersagen, automatischer Vervollständigung und kontextbezogenen Vorschlägen.

  - ○ Verwendung natürlicher Sprachverarbeitung (NLP) für

sprachgesteuerte Schnittstellen und Chatbots.

- 15.1.3 Adaptive Benutzeroberflächen:
  - ○ Entwerfen von GUIs, die sich an den Benutzerkontext und die Umgebungsfaktoren anpassen.
  - ○ Verwendung von maschinellem Lernen, um Benutzerbedürfnisse vorherzusagen und Schnittstellenelemente entsprechend anzupassen.
  - ○ Implementierung dynamischer Layouts und Inhalte basierend auf Benutzeraktivität und Standort.
- 15.1.4 KI-gesteuerte Designtools:
  - ○ Entdecken Sie KI-gestützte Designtools, die sich wiederholende Aufgaben automatisieren.
  - ○ Mithilfe von maschinellem Lernen Designvarianten generieren und UI-Layouts optimieren.

- o Implementierung von KI-gestütztem Prototyping und Benutzertests.
- 15.1.5 Ethische Überlegungen:
  - o Behebung potenzieller Verzerrungen in Algorithmen für maschinelles Lernen.
  - o Gewährleistung der Privatsphäre und Datensicherheit der Benutzer.
  - o Gestaltung transparenter und erklärbarer KI-gesteuerter Schnittstellen.

15.2 Erstellen von AR/VR-Erlebnissen

- 15.2.1 Augmented Reality (AR)-Schnittstellen:
  - o Entwerfen von AR-Schnittstellen, die digitale Informationen in die reale Welt überlagern.

- Implementierung räumlicher Kartierung und Objekterkennung für eine nahtlose AR-Integration.
- Verwendung von AR für interaktive Visualisierungen, Navigation und Produktdemonstrationen.
- 15.2.2 Virtual Reality (VR)-Schnittstellen:
  - Entwerfen immersiver VR-Schnittstellen, die virtuelle Umgebungen schaffen.
  - Implementierung von 3D-Interaktionstechniken und Bewegungsverfolgung.
  - Verwendung von VR für Trainingssimulationen, virtuelles Prototyping und immersives Storytelling.
- 15.2.3 Prinzipien des AR/VR-Interaktionsdesigns:

- Entwicklung von Interaktionsparadigmen für AR/VR-Umgebungen.
- Gestaltung intuitiver und natürlicher Benutzerinteraktionen.
- Bewältigung von Herausforderungen im Zusammenhang mit Reisekrankheit, räumlichem Bewusstsein und Benutzerkomfort.

- 15.2.4 AR/VR-Entwicklungstools und Frameworks:
  - Erkundung von AR/VR-Entwicklungsplattformen und -Tools (z. B. Unity, Unreal Engine, ARKit, ARCore).
  - Implementierung plattformübergreifender AR/VR-Erlebnisse.
  - Optimierung von AR/VR-Anwendungen hinsichtlich Leistung und Benutzererfahrung.

- 15.2.5 Benutzererfahrung in AR/VR:
  - Design für Präsenz und Eintauchen.
  - Umgang mit Ermüdung und Unbehagen des Benutzers.
  - Erstellen einer intuitiven Navigation und Interaktion.

15.3 Zukünftige Trends und Richtungen

- 15.3.1 Gehirn-Computer-Schnittstellen (BCIs):
  - Erforschung des Potenzials von BCIs für die direkte Gehirn-Computer-Interaktion.
  - Entwerfen von Schnittstellen, die auf die Gedanken und Emotionen der Benutzer reagieren.
  - Berücksichtigung ethischer und datenschutzrechtlicher Bedenken im Zusammenhang mit der BCI-Technologie.

- 15.3.2 Haptische Schnittstellen:
  - Implementierung von haptischem Feedback zur Verbesserung der Benutzerinteraktion.
  - Gestaltung taktiler Erlebnisse für virtuelle Objekte und Umgebungen.
  - Nutzung der Haptik für Zugänglichkeit und sensorische Substitution.
- 15.3.3 Ubiquitous Computing und Internet der Dinge (IoT):
  - Entwerfen von Schnittstellen für miteinander verbundene Geräte und Umgebungen.
  - Implementierung kontextbezogener Interaktionen und intelligenter Automatisierung.
  - Bewältigung von Herausforderungen im Zusammenhang mit Datenschutz und Sicherheit in IoT-Ökosystemen.

- 15.3.4 Quantencomputing und GUI-Design:
  - Erkundung des Potenzials des Quantencomputings für fortschrittliche GUI-Algorithmen.
  - Nutzung von Quantenmaschinellem Lernen für personalisierte Benutzererlebnisse.
  - Entwerfen von Schnittstellen für Quantensimulationen und Visualisierungen.
- 15.3.5 Das Metaversum und immersive Erfahrungen:
  - Erkundung der Entwicklung des Metaversums und seiner Auswirkungen auf das GUI-Design.
  - Entwerfen persistenter und miteinander verbundener virtueller Welten.

- ○ Schaffung immersiver und interaktiver Erlebnisse für soziale Interaktion und Zusammenarbeit.
- 15.3.6 Ethische und soziale Implikationen:
  - ○ Diskussion der ethischen und sozialen Implikationen neuer GUI-Technologien.
  - ○ Lösung von Problemen im Zusammenhang mit der digitalen Kluft, der Zugänglichkeit und der Privatsphäre der Benutzer.
  - ○ Förderung verantwortungsvoller Innovation und menschenzentriertes Design.

15.4 Fazit: Die Zukunft der Interaktion gestalten

- Zusammenfassung fortgeschrittener Themen im GUI-Design, einschließlich maschinellem Lernen, AR/VR und aufkommender Trends.

- Betonung der Bedeutung ethischer Überlegungen und benutzerzentrierten Designs bei der Entwicklung zukünftiger Schnittstellen.
- Ermutigung zur Erforschung und Innovation im sich ständig weiterentwickelnden Bereich des GUI-Designs.

Kapitel 16: Fehlerbehebung bei häufigen Problemen

Dieses Kapitel bietet eine umfassende Anleitung zur Fehlerbehebung bei häufigen Problemen, die bei der Entwicklung von GUI-Anwendungen auftreten. Wir werden effektive Debugging-Techniken untersuchen, häufige Probleme und ihre Lösungen diskutieren und Best Practices zur Optimierung des Fehlerbehebungsprozesses festlegen.

16.1 Häufige Probleme und Lösungen

- 16.1.1 Rendering-Probleme:
  - Problem: UI-Elemente werden nicht richtig angezeigt, Layoutprobleme, Leistungsverzögerungen.

- Lösungen: Überprüfen von CSS und DOM mithilfe von Browser-Entwicklertools, Überprüfen auf widersprüchliche Stile, Optimieren der Rendering-Leistung (z. B. mithilfe von requestAnimationFrame, virtualisierte Listen), um sicherzustellen, dass die Hardwarebeschleunigung aktiviert ist.

- 16.1.2 Probleme bei der Zustandsverwaltung:
  - Problem: Unerwartete Statusaktualisierungen, Dateninkonsistenzen, erneutes Rendern von Komponenten.
  - Lösungen: Debuggen von Statusaktualisierungen mit Redux DevTools oder MobX DevTools, Protokollieren von Statusänderungen, Überprüfen des Datenflusses,

Verwenden unveränderlicher Datenstrukturen, Verstehen von React-Hooks-Abhängigkeitsarrays.

- 16.1.3 API-Integrationsprobleme:
  - Problem: Fehlgeschlagene API-Anfragen, falsche Datenantworten, Authentifizierungsfehler.
  - Lösungen: Überprüfen von Netzwerkanfragen mit Browser-Entwicklertools, Überprüfen von API-Endpunkten und -Parametern, ordnungsgemäße Handhabung von API-Fehlerantworten, Überprüfen von Authentifizierungstokens, Verwenden von Tools wie Postman zum Testen von API-Endpunkten.
- 16.1.4 Probleme mit der Interprozesskommunikation (IPC) (Elektron):

- Problem: Nachrichten werden nicht gesendet oder empfangen, Datenserialisierungsfehler, Sicherheitslücken.
- Lösungen: Protokollierung von IPC-Nachrichten, Überprüfung von Kanalnamen und Datenformaten, Verwendung von asynchronem IPC für nicht blockierende Vorgänge, Bereinigung der über IPC empfangenen Daten, Verwendung von contextBridge.

- 16.1.5 Leistungsengpässe:
  - Problem: Langsame Anwendungsleistung, hohe CPU-Auslastung, Speicherverluste.
  - Lösungen: Profilierung der Anwendungsleistung mithilfe von Browser-Entwicklertools, Optimierung von Rendering und Datenverarbeitung, Implementierung

von Code-Splitting und Lazy Loading, effiziente Speicherverwaltung, Verwendung von Hardwarebeschleunigung.

- 16.1.6 Probleme mit der plattformübergreifenden Kompatibilität:
  - Problem: Inkonsistenzen der Benutzeroberfläche, plattformspezifische Fehler, Probleme beim Zugriff auf das Dateisystem.
  - Lösungen: Testen auf mehreren Plattformen, Verwendung plattformspezifischer bedingter Logik, Anpassen von UI-Elementen an Plattformkonventionen, Umgang mit Dateisystemunterschieden.
- 16.1.7 Barrierefreiheitsprobleme:
  - Problem: Inkompatibilität des Bildschirmleseprogramms, Probleme mit der Tastaturnavigation, unzureichender Farbkontrast.

- o Lösungen: Verwendung von ARIA-Attributen, Implementierung der Tastaturnavigation, Gewährleistung eines ausreichenden Farbkontrasts, Tests mit Eingabehilfen.
- 16.1.8 Paketierungs- und Bereitstellungsfehler:
  - o Problem: Anwendung stürzt nach dem Packen ab, fehlende Abhängigkeiten, Probleme mit der Codesignatur.
  - o Lösungen: Überprüfung der Paketkonfigurationen, Sicherstellen, dass alle Abhängigkeiten enthalten sind, ordnungsgemäßes Signieren des Anwendungscodes, Testen von Installationsprogrammen auf Zielplattformen.

16.2 Debugging-Techniken

- 16.2.1 Verwendung von Browser-Entwicklertools:
  - Untersuchen von DOM-Elementen und CSS-Stilen.
  - Debuggen von JavaScript-Code mithilfe von Haltepunkten und Konsolenprotokollierung.
  - Leistungsprofilierung und Analyse von Netzwerkanfragen.
  - Überprüfung von Speicher- und Anwendungsdaten.
- 16.2.2 Protokollierung und Fehlerberichterstattung:
  - Implementierung einer detaillierten Protokollierung zum Debuggen und Überwachen.
  - Verwendung von Fehlerberichtstools (z. B. Sentry) zur Verfolgung von Anwendungsfehlern.
  - Bereitstellung informativer Fehlermeldungen für den Benutzer.

- 16.2.3 Debuggen des Elektronenhauptprozesses:
  - Verwendung der Debugging-Tools von Node.js (z. B. Knoten prüfen).
  - Protokollierung der wichtigsten Prozessereignisse und -fehler.
  - Verwendung von Electron DevTools-Erweiterungen.
- 16.2.4 Remote-Debugging:
  - Debuggen von Anwendungen, die auf Remote-Geräten oder Servern ausgeführt werden.
  - Verwendung von Remote-Debugging-Tools und -Protokollen.
- 16.2.5 Prüfung und Isolierung:
  - Schreiben von Unit- und Integrationstests zur Isolierung und Identifizierung von Fehlern.

- o Verwendung von Mocking und Stubbing zur Isolierung von Abhängigkeiten.
- o Anwendungskomponenten und Module systematisch testen.
- 16.2.6 Profilierungswerkzeuge:
  - o Verwenden Sie Profiling-Tools, um Leistungsengpässe zu finden.
  - o Analysieren der CPU-Auslastung, der Speichernutzung und der Renderzeiten.
- 16.2.7 Reproduzierbare Schritte:
  - o Erstellen klarer und prägnanter Schritte zur Reproduktion von Fehlern.

16.3 Best Practices zur Fehlerbehebung

- 16.3.1 Systematischer Ansatz:
  - o Befolgen Sie einen strukturierten Ansatz zur Fehlerbehebung (z. B. das

Problem identifizieren, Informationen sammeln, Hypothesen formulieren, Hypothesen testen, Lösungen implementieren).

- o Dokumentation von Schritten und Erkenntnissen zur Fehlerbehebung.
- 16.3.2 Eingrenzung des Problems:
  - o Den Umfang des Problems durch Isolierung von Komponenten und Modulen eingrenzen.
  - o Verwendung minimaler reproduzierbarer Beispiele zur Veranschaulichung von Fehlern.
- 16.3.3 Verwendung der Versionskontrolle:
  - o Verwenden der Versionskontrolle (z. B. Git), um Codeänderungen zu verfolgen und zu früheren Versionen zurückzukehren.
  - o Erstellen von Zweigen für Fehlerbehebungen und Funktionsentwicklung.

- 16.3.4 Dokumentation und Community-Ressourcen lesen:
  - Konsultieren Sie die offizielle Dokumentation und API-Referenzen.
  - Suche nach Lösungen in Foren und Community-Websites (z. B. Stack Overflow).
- 16.3.5 Zusammenarbeit mit anderen:
  - Ich suche Unterstützung von Kollegen und Community-Mitgliedern.
  - Freigeben von Debugging-Protokollen und Fehlerberichten.
- 16.3.6 Testautomatisierung:
  - Implementierung automatisierter Tests zur Vermeidung von Regressionen.

- ○ Verwendung von CI/CD-Pipelines zur Automatisierung von Tests und Bereitstellung.
- 16.3.7 Regelmäßige Backups:
  - ○ Regelmäßige Backups von Code und Daten erstellen.
  - ○ Implementierung einer Rollback-Strategie.
- 16.3.8 Abhängigkeiten auf dem neuesten Stand halten:
  - ○ Abhängigkeiten auf dem neuesten Stand halten, um Sicherheitslücken vorzubeugen und Fehlerbehebungen zu erhalten.

16.4 Fazit: Robuste und wartbare Anwendungen erstellen

- Zusammenfassung gängiger Fehlerbehebungstechniken und Best Practices.

- Betonung der Bedeutung eines systematischen und kollaborativen Ansatzes beim Debuggen.
- Ermutigung, diese Techniken zum Erstellen robuster und wartbarer GUI-Anwendungen zu verwenden.

Kapitel 17: GUI-Design für verschiedene Plattformen

Dieses Kapitel konzentriert sich auf die Komplexität des Entwurfs von GUIs für verschiedene Plattformen, insbesondere Desktop- und mobile Umgebungen. Wir erkunden die Nuancen jeder Plattform, vertiefen uns in den Umgang mit plattformspezifischen Funktionen und etablieren Best Practices für die Erzielung einer nahtlosen plattformübergreifenden Benutzererfahrung.

17.1 Entwerfen für Desktop- und mobile Plattformen

- 17.1.1 Plattformunterschiede verstehen:

- Desktop: Größere Bildschirmfläche, Tastatur- und Mauseingabe, Multitasking-Funktionen, Fokus auf Produktivität und komplexe Arbeitsabläufe.
- Mobil: Begrenzte Bildschirmgröße, Touch-Eingabe, Konzentration auf eine einzelne Aufgabe, Schwerpunkt auf Portabilität und schnelle Interaktionen.
- Wichtige Überlegungen: Bildschirmauflösung, Eingabemethoden, Navigationsmuster, Dichte von UI-Elementen, Leistungseinschränkungen und Benutzerkontext.

- 17.1.2 Anpassung an Bildschirmgrößen und Auflösungen:
  - Desktop: Implementierung responsiver Layouts, die sich an

verschiedene Monitorgrößen und Seitenverhältnisse anpassen.

- ○ Mobil: Entwerfen für unterschiedliche Bildschirmgrößen und Seitenverhältnisse unter Verwendung flexibler Raster und Medienabfragen.
- ○ Techniken: Verwendung relativer Einheiten (z. B. Prozentsätze, Ansichtsfenstereinheiten), Haltepunkten und skalierbarer Vektorgrafiken (SVGs).

- 17.1.3 Umgang mit Eingabemethoden:
  - ○ Desktop: Optimierung für Tastatur- und Mausinteraktionen, Implementierung von Tastaturkürzeln und Kontextmenüs.
  - ○ Mobil: Entwerfen für Touch-Interaktionen, Verwenden größerer Touch-Ziele, Implementieren von Gesten (z. B.

Wischen, Kneifen) und Bereitstellen von haptischem Feedback.

- 17.1.4 Navigationsmuster:
  - Desktop: Verwendung herkömmlicher Navigationsmenüs, Symbolleisten und Oberflächen mit Registerkarten.
  - Mobil: Implementierung von unteren Navigationsleisten, Hamburger-Menüs und gestenbasierter Navigation.
  - Überlegungen: Informationshierarchie, einfacher Zugriff und Auffindbarkeit.
- 17.1.5 Leistungsaspekte:
  - Desktop: Optimierung der Leistung auf einer Vielzahl von Hardwarekonfigurationen.
  - Mobil: Priorisierung der Leistung aufgrund begrenzter

Verarbeitungsleistung und Akkulaufzeit.

- ○ Techniken: Lazy Loading, Code-Splitting, Bildoptimierung, effizientes Rendering, Minimierung von Netzwerkanfragen.

17.2 Umgang mit plattformspezifischen Funktionen

- 17.2.1 Betriebssystem-APIs:
  - ○ Desktop (Windows, macOS, Linux): Zugriff auf native APIs für Dateisystemzugriff, Benachrichtigungen, Menüs und Integration in die Taskleiste.
  - ○ Mobil (iOS, Android): Nutzung plattformspezifischer APIs für Kamerazugriff, Ortungsdienste, Push-Benachrichtigungen und Gerätesensoren.

- Techniken: Verwendung plattformspezifischer Bibliotheken oder Frameworks (z. B. Electron, React Native), Implementierung bedingter Logik basierend auf dem Betriebssystem.

- 17.2.2 Gerätefunktionen:
  - Mobil: Nutzung von Gerätefunktionen wie GPS, Beschleunigungsmesser, Gyroskop und Kamera.
  - Desktop: Nutzung von Hardwarebeschleunigung, externen Displays und Peripheriegeräten.
  - Überlegungen: Benutzerberechtigungen, Auswirkungen auf den Datenschutz und Batterieverbrauch.

- 17.2.3 UI-Konventionen und -Stile:
  - Desktop: Einhaltung plattformspezifischer

UI-Konventionen (z. B. macOS Human Interface Guidelines, Windows Fluent Design System).

- ○ Mobil: Befolgen Sie plattformspezifische Designrichtlinien (z. B. Material Design, iOS Human Interface Guidelines).
- ○ Wichtigkeit: Schaffung einer nativen Benutzererfahrung, die sich für Benutzer vertraut anfühlt.

- 17.2.4 Dateisystem und Datenspeicherung:
  - ○ Desktop: Bietet Zugriff auf das gesamte Dateisystem und den lokalen Speicher.
  - ○ Mobil: Nutzung plattformspezifischer Speichermechanismen (z. B. gemeinsame Präferenzen, SQLite-Datenbanken).
  - ○ Überlegungen: Benutzerberechtigungen, Datensicherheit und

plattformspezifische
Dateisystembeschränkungen.

17.3 Best Practices für plattformübergreifendes Design

- 17.3.1 Komponentenbasierte Architektur:
  - Erstellen wiederverwendbarer UI-Komponenten, die an verschiedene Plattformen angepasst werden können.
  - Verwendung von Komponentenbibliotheken und Designsystemen für Konsistenz.
- 17.3.2 Responsives und adaptives Design:
  - Entwerfen von Layouts, die sich an verschiedene Bildschirmgrößen und -ausrichtungen anpassen.
  - Verwendung von Medienabfragen und flexiblen Rastern für responsives Design.

- ○ Implementierung eines adaptiven Designs für plattformspezifische UI-Elemente.
- 17.3.3 Abstraktionsschichten:
  - ○ Erstellen von Abstraktionsschichten zur Handhabung plattformspezifischer Logik und APIs.
  - ○ Verwendung plattformübergreifender Frameworks (z. B. React Native, Flutter), um plattformspezifischen Code zu minimieren.
- 17.3.4 Funktionsflags und bedingte Logik:
  - ○ Implementieren von Feature-Flags zum Aktivieren oder Deaktivieren plattformspezifischer Funktionen.
  - ○ Verwenden Sie bedingte Logik, um UI-Elemente und Verhalten basierend auf der Plattform anzupassen.
- 17.3.5 Testen auf mehreren Plattformen:

- ○ Gründliches Testen der Anwendung auf allen Zielplattformen und -geräten.
- ○ Verwendung von Emulatoren und Simulatoren für erste Tests.
- ○ Durchführung von Benutzertests auf realen Geräten.
- 17.3.6 Konsistente Benutzererfahrung:
  - ○ Streben nach einer konsistenten Benutzererfahrung auf allen Plattformen.
  - ○ Beibehaltung eines einheitlichen visuellen Stils und einheitlicher Interaktionsmuster.
  - ○ Anpassung von UI-Elementen an Plattformkonventionen unter Beibehaltung der Kernfunktionalität.
- 17.3.7 Leistungsoptimierung:
  - ○ Optimierung der Leistung für jede Zielplattform.

- Minimierung des Ressourcenverbrauchs und der Netzwerkanforderungen.
- Implementierung plattformspezifischer Leistungsoptimierungen.
- **17.3.8 Überlegungen zur Barrierefreiheit:**
  - Implementierung von Barrierefreiheitsfunktionen für alle Plattformen.
  - Gewährleistung der Kompatibilität mit Screenreadern und unterstützenden Technologien.
  - Einhaltung von Barrierefreiheitsstandards (z. B. WCAG).

17.4 Fazit: Nahtlose plattformübergreifende Erlebnisse schaffen

- Zusammenfassung der wichtigsten Überlegungen zum Entwerfen von GUIs für Desktop- und mobile Plattformen.
- Betonung der Bedeutung der Anpassung an plattformspezifische Funktionen und Konventionen.
- Ermutigung, Best Practices für plattformübergreifendes Design zu übernehmen, um nahtlose und konsistente Benutzererlebnisse zu schaffen.

Kapitel 18: Fazit und zukünftige Richtungen

Dieses Kapitel dient als umfassende Zusammenfassung der Kernkonzepte, die in diesem Buch behandelt werden, und wirft gleichzeitig einen Blick auf die spannenden zukünftigen Richtungen und aufkommenden Trends, die die Landschaft des GUI-Designs und der GUI-Entwicklung prägen werden.

18.1 Zusammenfassung der Schlüsselkonzepte

- 18.1.1 Grundprinzipien:
  - Wir bekräftigen die Bedeutung von benutzerzentriertem Design, Zugänglichkeit und Benutzerfreundlichkeit.

- Zusammenfassung der wichtigsten Designprinzipien (Konsistenz, Klarheit, Feedback usw.) und deren Anwendung.
- Überprüfung der Bedeutung von plattformspezifischem Design und plattformübergreifender Konsistenz.

- 18.1.2 Kerntechnologien:
  - Zusammenfassung der untersuchten Schlüsseltechnologien, einschließlich React, Electron und deren Integration.
  - Zusammenfassung von Zustandsverwaltungstechniken (Redux, MobX, Hooks) und ihrer Rolle in komplexen GUIs.
  - Überprüfung der Bedeutung von Test-, Debugging- und Bereitstellungsstrategien.

- 18.1.3 Erweiterte GUI-Techniken:

- ○ Zusammenfassung fortgeschrittener Themen wie benutzerdefinierte Komponentenerstellung, Animation und Grafikimplementierung.
- ○ Überprüfung von Strategien zur Leistungsoptimierung und Best Practices für die Fehlerbehandlung.
- ○ Überprüfung der Bedeutung von Designmustern.
- 18.1.4 Reale Anwendungsentwicklung:
  - ○ Zusammenfassung des Prozesses der Erstellung komplexer GUI-Anwendungen mit realen Daten und APIs.
  - ○ Zusammenfassung der Herausforderungen und Lösungen, die bei der Entwicklung auf Produktionsebene auftreten.
  - ○ Überprüfung der Bedeutung der Analyse bestehender erfolgreicher Anwendungen.

- 18.1.5   Plattformspezifische   und plattformübergreifende Entwicklung:
  - ○ Zusammenfassung der Unterschiede zwischen der Entwicklung mobiler und Desktop-GUIs.
  - ○ Überprüfung von Techniken zur Handhabung plattformspezifischer Funktionen.
  - ○ Überprüfung von Techniken zur Erstellung plattformübergreifender Anwendungen.

18.2 Zukünftige Richtungen und Trends

- 18.2.1 Künstliche Intelligenz (KI) und Maschinelles Lernen (ML):
  - ○ Diskussion der zunehmenden Integration von KI/ML in das GUI-Design für personalisierte Erlebnisse und intelligente Automatisierung.

- o Erkundung des Potenzials von KI-gesteuerten Designtools und adaptiven Benutzeroberflächen.
- o Auseinandersetzung mit ethischen Überlegungen im Zusammenhang mit KI-gestützten GUIs.
- 18.2.2 Augmented Reality (AR) und Virtual Reality (VR):
  - o Untersuchung der wachsenden Rolle von AR/VR bei der Schaffung immersiver und interaktiver Erlebnisse.
  - o Erforschung der Entwicklung von AR/VR-Interaktionsparadigmen und Entwicklungstools.
  - o Bewältigung der Herausforderungen bei der Gestaltung intuitiver und komfortabler AR/VR-Schnittstellen.
- 18.2.3 Das Metaversum und immersive Erfahrungen:

- o Diskussion der Entstehung des Metaversums und seiner Auswirkungen auf das GUI-Design.
- o Erforschung des Designs persistenter und miteinander verbundener virtueller Welten.
- o Untersuchung der sozialen und ethischen Implikationen immersiver Erfahrungen.
- 18.2.4 Brain-Computer Interfaces (BCIs) und haptische Schnittstellen:
  - o Erforschung des Potenzials von BCIs für die direkte Gehirn-Computer-Interaktion.
  - o Untersuchung der Verwendung von haptischem Feedback zur Verbesserung der Benutzerinteraktionen.
  - o Bewältigung der ethischen und praktischen Herausforderungen dieser neuen Technologien.

- 18.2.5 Ubiquitous Computing und Internet der Dinge (IoT):
  - Diskussion des Designs von Schnittstellen für miteinander verbundene Geräte und Umgebungen.
  - Erforschung kontextbewusster Interaktionen und intelligenter Automatisierung in IoT-Ökosystemen.
  - Berücksichtigung von Datenschutz- und Sicherheitsbedenken beim Ubiquitous Computing.
- 18.2.6 Quantencomputing und GUI-Design:
  - Erkundung des Potenzials des Quantencomputings zur Verbesserung von GUI-Algorithmen.
  - Untersuchen, wie Quantenmaschinelles Lernen die Benutzererfahrung verbessern könnte.

- ○ Diskussion darüber, wie Quantencomputer die Datenvisualisierung verbessern könnten.
- 18.2.7 Zugänglichkeit und Inklusivität:
  - ○ Diskussion über die kontinuierliche Erhöhung der Barrierefreiheitsstandards.
  - ○ Diskussion über die Bedeutung inklusiver Designpraktiken.
  - ○ Untersuchung neuer Technologien, die die Zugänglichkeit verbessern.

18.3 Fazit und letzte Gedanken

- 18.3.1 Die sich entwickelnde Landschaft des GUI-Designs:
  - ○ Nachdenken über die dynamische Natur des GUI-Designs und die ständige Weiterentwicklung von

Technologien und Benutzererwartungen.

- ○ Betonung der Bedeutung des kontinuierlichen Lernens und der Anpassung.
- 18.3.2 Die Bedeutung von benutzerzentriertem Design:
  - ○ Bekräftigung des Grundprinzips, den Benutzer in den Mittelpunkt des Designprozesses zu stellen.
  - ○ Hervorhebung der Rolle von Empathie, Forschung und Tests bei der Erstellung effektiver GUIs.
- 18.3.3 Die Zukunft der Interaktion:
  - ○ Optimismus hinsichtlich der Zukunft des GUI-Designs und des Potenzials für innovative und transformative Erfahrungen zum Ausdruck bringen.
  - ○ Förderung der Erforschung und des Experimentierens mit neuen Technologien.

- 18.3.4 Abschließende Ermutigung:
  - ○ Inspiriert die Leser, das erworbene Wissen und die erworbenen Fähigkeiten anzuwenden, um wirkungsvolle und sinnvolle GUI-Anwendungen zu erstellen.
  - ○ Förderung des kontinuierlichen Lernens und Engagements in der GUI-Design-Community.
  - ○ Betonung der Bedeutung ethischen Designs.

Anhänge

Dieser Abschnitt enthält ergänzende Informationen und Ressourcen, um dem Leser das Verständnis und die praktische Anwendung der im Buch behandelten Konzepte zu erleichtern. Diese Anhänge dienen als wertvolle Referenzen, Tools und Best-Practice-Anleitungen.

Anhang A: Glossar der Begriffe

- Ein umfassendes Glossar mit Fachbegriffen und Akronymen, die im gesamten Buch verwendet werden.
- Definitionen von Schlüsselkonzepten im Zusammenhang mit GUI-Design, React, Electron und verwandten Technologien.

- Bietet klare und prägnante Erklärungen, um das Verständnis des Fachjargons sicherzustellen.

Anhang B: Empfohlene Tools und Ressourcen

- Eine kuratierte Liste von Tools, Bibliotheken, Frameworks und Online-Ressourcen für die GUI-Entwicklung.
- Empfehlungen für Entwicklungsumgebungen, Code-Editoren, Design-Tools und Test-Frameworks.
- Links zu relevanter Dokumentation, Tutorials und Community-Foren.
- Listen nützlicher Elektronenbibliotheken und Reaktionsbibliotheken.
- Listen nützlicher Designressourcen und Ressourcen zur Barrierefreiheit.

Anhang C: Codebeispiele und Vorlagen

- Eine Sammlung wiederverwendbarer Codebeispiele und Vorlagen für gängige GUI-Komponenten und -Muster.
- Beispiele für React-Komponenten, Electron-Hauptprozesscode und IPC-Kommunikationsmuster.
- Vorlagen für Projekteinrichtung, Tests und Bereitstellungskonfigurationen.
- Beispiele für komplexe GUI-Implementierungen.
- Beispiele für fortgeschrittene GUI-Techniken.

Anhang D: Richtlinien und Standards zur Barrierefreiheit

- Eine Zusammenfassung der Barrierefreiheitsrichtlinien und -standards (z. B. WCAG, ARIA).
- Praktische Tipps zur Implementierung von Barrierefreiheitsfunktionen in GUI-Anwendungen.

- Beispiele für barrierefreie UI-Komponenten und Interaktionen.
- Checklisten für Barrierefreiheitstests.
- Links zu externen Ressourcen zur Barrierefreiheit.

Anhang E: Techniken zur Leistungsoptimierung

- Eine detaillierte Anleitung zu Techniken zur Leistungsoptimierung für GUI-Anwendungen.
- Strategien zur Optimierung von Rendering, Speicherverwaltung und Netzwerkanfragen.
- Profilierungstools und -techniken zur Identifizierung von Leistungsengpässen.
- Best Practices für eine reibungslose und reaktionsfähige Benutzererfahrung.
- Spezifische Techniken zur Leistungsoptimierung für Electron und React.

Anhang F: Best Practices für die Sicherheit

- Ein umfassender Leitfaden zu bewährten Sicherheitspraktiken für GUI-Anwendungen.
- Strategien zum Schutz vor häufigen Sicherheitslücken (z. B. XSS, CSRF, Remotecodeausführung).
- Richtlinien zur sicheren Datenspeicherung und -übertragung.
- Best Practices für den Umgang mit Benutzerauthentifizierung und -autorisierung.
- Electron-spezifische Best Practices für die Sicherheit.

Anhang G: Checkliste zur plattformübergreifenden Kompatibilität

- Eine Checkliste zur Sicherstellung der plattformübergreifenden Kompatibilität in GUI-Anwendungen.

- Richtlinien zum Anpassen von UI-Elementen und -Verhalten an verschiedene Plattformen.
- Teststrategien zur Überprüfung der plattformübergreifenden Funktionalität.
- Tipps zum Umgang mit plattformspezifischen Funktionen und Einschränkungen.
- Eine Liste häufiger plattformübergreifender Probleme und deren Lösung.

Anhang H: Kurzreferenz zur Fehlerbehebung

- Eine Kurzanleitung zur Behebung häufiger GUI-Entwicklungsprobleme.
- Lösungen für Rendering-Probleme, Statusverwaltungsprobleme, API-Integrationsfehler und IPC-Probleme.
- Debugging-Techniken und Tools zum Identifizieren und Beheben von Fehlern.
- Eine Checkliste für häufige Fehler und deren Behebung.

Anhang I: Zusammenfassung der Entwurfsmuster

- Eine Zusammenfassung gängiger Entwurfsmuster, die bei der GUI-Entwicklung verwendet werden.
- Beispiele für MVC, MVVM, Observer und andere Muster in React und Electron.
- Anleitung zur Verwendung bestimmter Entwurfsmuster.
- So implementieren Sie Designmuster.

Anhang J: Überblick über zukünftige Technologien

- Ein Überblick über zukünftige Technologien, die sich auf das GUI-Design auswirken.
- Ein tieferer Einblick in KI/ML, AR/VR und BCI.
- Ethische Überlegungen zu Zukunftstechnologien.
- So bereiten Sie sich auf zukünftige Technologien vor.

Index

Dieser Index bietet eine umfassende alphabetische Auflistung der Schlüsselbegriffe, Konzepte, Technologien und Methoden, die im gesamten Buch behandelt werden. Es dient als schnelle Referenz zum Auffinden spezifischer Informationen und erleichtert Querverweise zwischen verwandten Themen.

- Medienanfragen
- Responsives Design
- KI (Künstliche Intelligenz):
  - Adaptive Benutzeroberflächen
  - Automatisierung
  - Personalisierung
  - Ethische Überlegungen
- API (Anwendungsprogrammierschnittstelle):
  - Datenabruf
  - Fehlerbehandlung
  - Integration
  - Authentifizierung
- Anwendungsbereitstellung:
  - Code-Signierung
  - Vertriebsstrategien
  - Verpackung
  - Plattformspezifische Bereitstellung
- AR (Augmented Reality):
  - Interaktionsdesign
  - Räumliche Kartierung

- ○ Benutzererfahrung
- Architektur:
  - ○ Komponentenbasiert
  - ○ Modularer Aufbau
  - ○ Staatsverwaltung
- Best Practices:
  - ○ Codeoptimierung
  - ○ Plattformübergreifendes Design
  - ○ Debuggen
  - ○ Fehlerbehebung
- Browser-Entwicklertools:
  - ○ Konsolenprotokollierung
  - ○ DOM-Inspektion
  - ○ Netzwerkanalyse
  - ○ Leistungsprofilierung
- CI/CD (kontinuierliche Integration/kontinuierliche Bereitstellung):
  - ○ Automatisierte Tests
  - ○ Bereitstellungspipelines
  - ○ Versionskontrolle
- Code-Optimierung:

- Faules Laden
- Auswendiglernen
- Rendering-Effizienz
- ContextBridge:
  - Sicherheit
  - Elektron
  - Reaktionsintegration
- Plattformübergreifende Entwicklung:
  - Elektron
  - Native reagieren
  - Responsives Design
- CSS (Cascading Style Sheets):
  - Animationen
  - Layouttechniken (Flexbox, Grid)
  - Styling-Komponenten
- Debuggen:
  - Fehlerberichterstattung
  - Protokollierung
  - Remote-Debugging
  - Debuggen des Elektronenhauptprozesses

- Designmuster:
    - MVC (Model-View-Controller)
    - MVVM (Model-View-ViewModel)
    - Beobachtermuster
    - Singleton-Muster.
- Designprinzipien:
    - Klarheit
    - Konsistenz
    - Rückmeldung
    - Einfachheit
- Elektron:
    - BrowserWindow
    - IPC (Interprozesskommunikation)
    - Hauptprozess
    - Renderer-Prozess
    - Elektronen-APIs
- Fehlerbehandlung:
    - Ausnahmemanagement
    - Anmutige Erniedrigung
    - Protokollierung
- GUI (Grafische Benutzeroberfläche):

- Komponenten
- Gestaltungsprinzipien
- Benutzererfahrung (UX)
- Haken (Reagieren):
  - useEffect
  - useContext
  - useReducer
  - useState
- Haptische Schnittstellen:
  - Taktiles Feedback
- IoT (Internet der Dinge):
  - Allgegenwärtiges Computing
- Maschinelles Lernen (ML):
  - Personalisierung
  - Prädiktive Benutzeroberflächen
- Leistungsoptimierung:
  - Speicherverwaltung
  - Rendern
  - Ressourcennutzung
- Reagieren:
  - Komponenten

- ○ Haken
- ○ Staatsverwaltung
- Reagieren Sie auf den Router:
  - ○ Navigation
  - ○ Routenführung
- Redux:
  - ○ Aktionen
  - ○ Reduzierstücke
  - ○ Speichern
- Staatsverwaltung:
  - ○ Kontext-API (Reagieren)
  - ○ MobX
  - ○ Redux
- Testen:
  - ○ End-to-End (E2E)
  - ○ Integrationstests
  - ○ Unit-Tests
  - ○ Visuelle Regressionstests
- Fehlerbehebung:
  - ○ Häufige Probleme
  - ○ Debugging-Techniken

- o Systematischer Ansatz
- UI (Benutzeroberfläche):
  - o Komponentenbibliotheken
  - o Benutzerdefinierte Komponenten
  - o Designsysteme
- Benutzererfahrung (UX):
  - o Zugänglichkeit
  - o Rückmeldung
  - o Benutzerfreundlichkeit
- VR (Virtuelle Realität):
  - o 3D-Interaktion
  - o Immersive Erlebnisse
  - o Benutzererfahrung
- WebGL:
  - o Grafik
  - o Leistung.

www.ingramcontent.com/pod-product-compliance
Lightning Source LLC
LaVergne TN
LVHW022306060326
832902LV00020B/3307